すごい！新宿・歌舞伎町の歴史

進化し…
カルチャ…

橋口敏男
Toshio Hashiguchi

PHP研究所

はじめに

眠らないまち歌舞伎町。このまちでいくつもの伝説が生まれ、いつの間にか消えていく。日本を代表する歓楽街としてニュースを賑わすことも多いが、海外からの観光客には、思いのほか安全で楽しいまちとして人気を博している。
世界一の乗降客数を記録する新宿駅、ミシュラン三ツ星（『ミシュラン・グリーンガイド・ジャポン』）を獲得した新宿御苑、西口には都庁を始めとする高層ビル群など個性豊かな新宿のまちの中で、それらに勝《まさ》るとも劣らない魅力あるエリアが、歌舞伎町である。

歌舞伎町は新宿駅（JR、京王、小田急など）の北に位置し、厳密には少し違うがおおよそ、東を明治通り、西を西武新宿線、南を靖国通り、北を職安通りに囲まれた東西約六〇〇メートル、南北約五五〇メートル、約三五ヘクタールのまちである。住居表示としては、花道通りを境に南が歌舞伎町一丁目、北が歌舞伎町二丁目になっている。なお、新宿ゴールデン街も歌舞伎町一丁目に位置する。一方で、ゴールデン街に隣接する花園神社や吉本興業東京本部（旧新宿区立四谷第五小学校）は新宿五丁目となるので、少しややこしい。

新宿駅から歌舞伎町へ向かうと少し足が速くなるのに気づく。これは歌舞伎町の魔力に呼ばれているわけではなく、歌舞伎町に向かって微妙に土地が低くなっているからだ。歌舞伎町一丁目と歌舞伎町二丁目の境の花道通りを流れていた「蟹川」という川（現在は下水道幹線として暗渠化《あんきょ》）まで、下り勾配《こうばい》が続く。この辺りまでが新宿の古い地名「角筈《つのはず》」の範囲である。角筈の地名の由来には諸説あるが、一つ紹介すると、新宿地域の開拓者であった渡辺与兵衛《よへえ》の髪の束ね方が異様で、角のようであるため「角髪」といい、それが転じたという面白い説がある。蟹川の北側、歌舞伎町二丁目は、戦後すぐまで（現在も残る地名である）大久保と呼ばれていた。大久保の由来は大きな窪地という説が有力である。

少し危ないが懐《ふところ》の深いまち――歌舞伎町が「歌舞伎町」になるまでの歴史を見ていくと、意外な一面が見えてくる。あまり知られていないが、江戸時代には旗本や大名の屋敷があり、近代には歴代の総理大臣が住んだり、瀟洒《しょうしゃ》な学校に女学生が通学したりしていたのだ。地図や写真をたよりに、そんな歌舞伎町の歴史をたどってみたい。

橋口敏男

※歌舞伎町という地名は戦後誕生したため、戦前に同エリアを指す際は、現・歌舞伎町（一丁目、二丁目）と記載します。

カバーデザイン　大野リサ（Bleu Monde）
カバーおよび扉 写真提供　新宿歴史博物館／㈱東急レクリエーション／㈱ヒューマックス／東京都立富士高校若竹会／iStock.com（Jui-Chi Chan）

すごい！　新宿・歌舞伎町の歴史

目次

第五章 戦後① 「歌舞伎町」を創った人びと

第六章 戦後② 「歌舞伎町」を彩る人びと

新宿駅周辺図
大久保2丁目
つつじ通り
大久保通り
百人町1丁目
新大久保駅
大久保1丁目
明治通り
小泉八雲記念公園
大久保小
東新宿駅
都営大江戸線・副都心線
西武新宿線
山手線・埼京線
中央線
職安通り
稲荷鬼王神社
島崎藤村旧居跡
西武新宿駅前通り
大久保公園
歌舞伎町2丁目
大久保病院
総武線
交番
西武新宿駅
シネシティ広場
風林会館
新宿東宝ビル
花道通り
歌舞伎町1丁目
歌舞伎町一番街
ゴジラロード
さくら通り
新宿区役所
区役所通り
新宿ゴールデン街
花園神社
都営大江戸線
新宿西口駅
新宿サブナード
ユニカビジョン
新宿5丁目
新宿ピカデリー
靖国通り
アルタ
小田急
新宿高野
新宿中村屋
紀伊國屋書店
伊勢丹新宿店
東口
ルミネエスト
ビックカメラ
西口
新宿駅
JR・京王線・小田急線・丸ノ内線・都営大江戸線
武蔵野館
マルイ
新宿3丁目
大塚家具
新宿三丁目駅
丸ノ内線・副都心線・都営新宿線
新宿2丁目
新宿通り
新宿御苑前駅
丸ノ内線
京王
西新宿1丁目
ルミネ2
新宿高校
ルミネ1
ミロード
バスタ新宿
新宿駅
都営大江戸線・都営新宿線
高島屋
新宿御苑

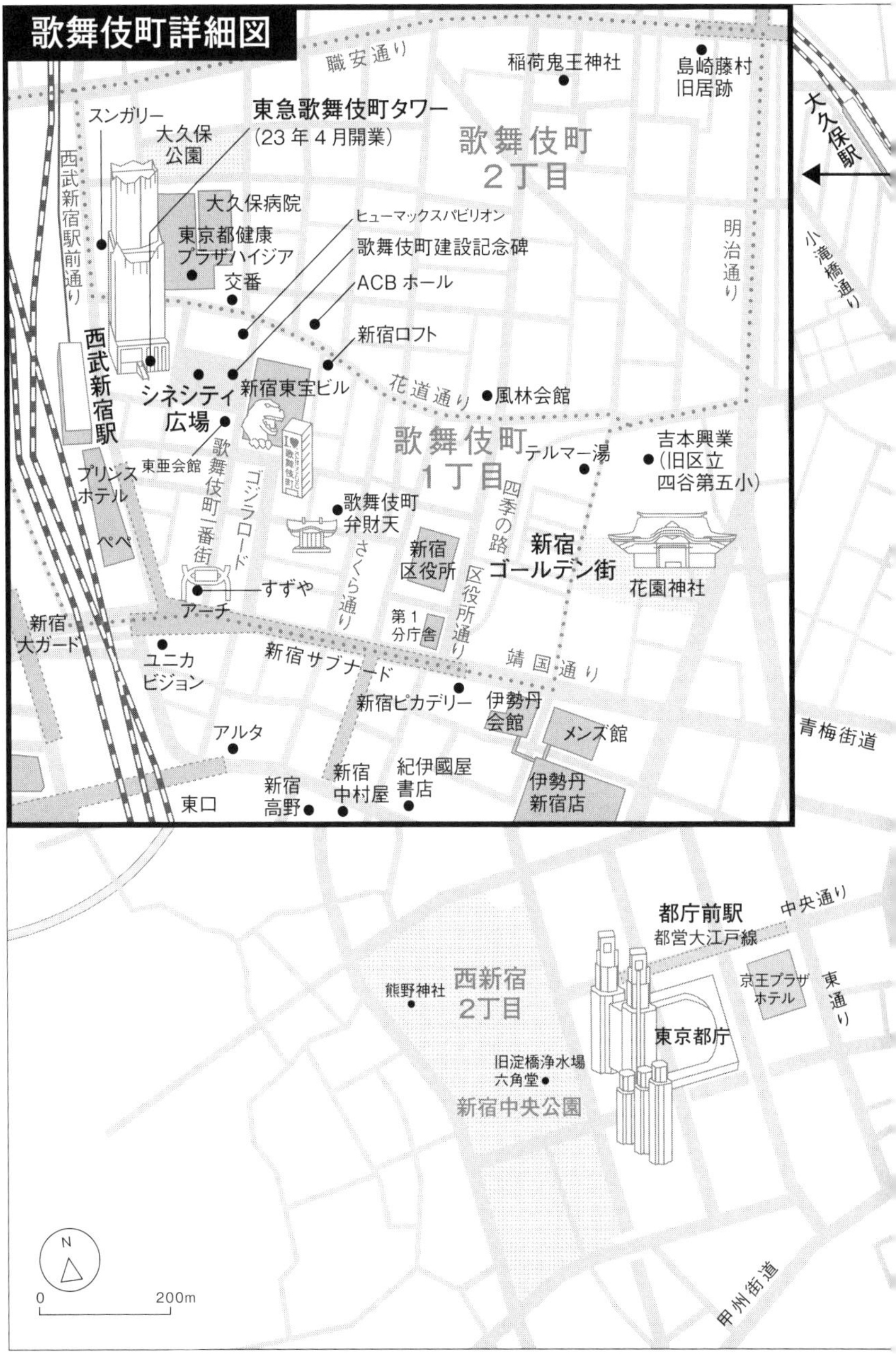
歌舞伎町詳細図
職安通り
稲荷鬼王神社
島崎藤村
旧居跡
大久保駅
スンガリー
東急歌舞伎町タワー
（23 年 4 月開業）
大久保
公園
歌舞伎町
2丁目
西武新宿駅前通り
大久保病院
東京都健康
プラザハイジア
ヒューマックスパビリオン
歌舞伎町建設記念碑
ACB ホール
交番
明治通り
小滝橋通り
新宿ロフト
西武新宿駅
シネシティ
広場
新宿東宝ビル
花道通り
風林会館
歌舞伎町
1丁目
テルマー湯
吉本興業
（旧区立
四谷第五小）
東亜会館
歌舞伎町一番街
ゴジラロード
プリンス
ホテル
ペペ
歌舞伎町
弁財天
四季の路
さくら通り
新宿
区役所
新宿
ゴールデン街
花園神社
すずや
アーチ
区役所通り
新宿
大ガード
第 1
分庁舎
靖国通り
新宿サブナード
ユニカ
ビジョン
新宿ピカデリー
伊勢丹
会館
メンズ館
青梅街道
アルタ
新宿
中村屋
紀伊國屋
書店
伊勢丹
新宿店
新宿
高野
東口
都庁前駅
都営大江戸線
中央通り
京王プラザ
ホテル
東通り
西新宿
2丁目
熊野神社
東京都庁
旧淀橋浄水場
六角堂
新宿中央公園
甲州街道
N
0
200m

イラストマップ（前頁）　尾黒ケンジ

第一章

江戸時代
徳川家「西の守り」として

『江戸名所図会』より「大久保映山紅」（国立国会図書館デジタルコレクション）

行楽地「内藤新宿」のにぎわい

■江戸切絵図でわかる、多様な住民たち

江戸時代、江戸四宿《ししゅく》のひとつで繁栄を誇った「内藤新宿《ないとうしんじゅく》」のそばに位置したのが、現在の歌舞伎町である。

嘉永四（一八五一）年の江戸切絵図「内藤新宿新屋敷辺之図」を見てみよう。内藤新宿の追分《おいわけ》（街道の分岐点）から甲州街道へと曲がらず、青梅街道を直進すると、花園神社（花園イナリ）の先に本多氏、石川氏、久世氏など旗本の下屋敷（上屋敷に対する控え屋敷。郊外などに設けた）が点在し、角筈調練場《つのはずちょうれんじょう》も広がっている。北側に目を移すと、田畑の中に百人町《ひゃくにんちょう》と書かれた鉄砲百人組が暮らすまちがあった。

このように、現在の歌舞伎町一・二丁目にあたる一帯には、武家地や田畑などが広がっていた。甲州街道における最初の宿場町のそばに位置することもあって、徳川家の西の守りとして鉄砲組や、幕末には角筈調練場など軍事的な施設も置かれている。なお町

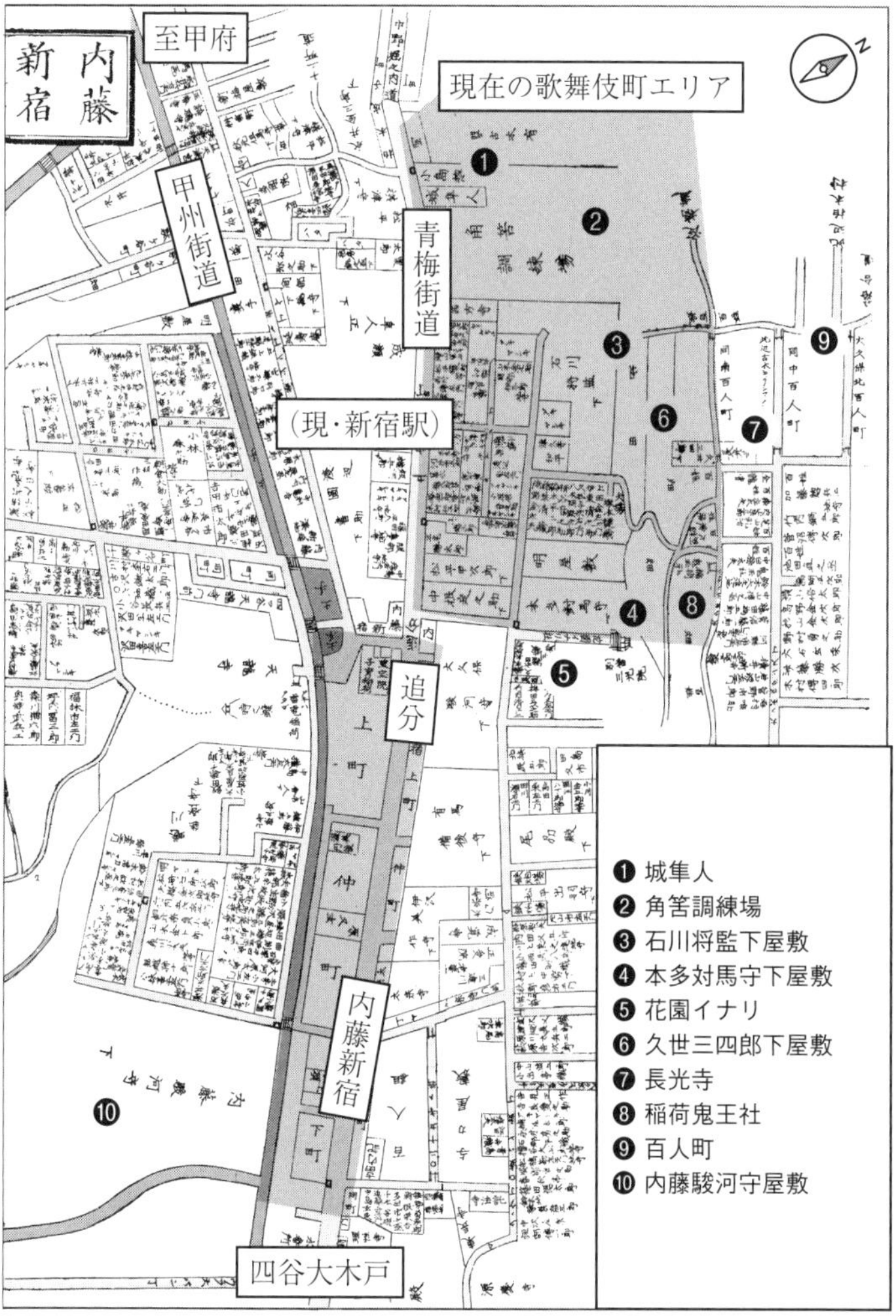

江戸切絵図「内藤新宿新屋敷辺之図」（嘉永４年／『地図で見る新宿区の移り変わり　淀橋・大久保編』より転載、編集部により追記）

人地には町名があったが、武家地には町名も屋敷の表札もないため、絵図が非常に重宝がられたという。絵図に即して、江戸時代の歌舞伎町の住人などを紹介していきたい。

■「新宿」の地名のおこり、内藤新宿が誕生

その前に、「新宿」という地名の起こりとなった、江戸四宿のひとつ「内藤新宿」について触れたい。

内藤新宿は、江戸の五街道・甲州街道（日本橋から下諏訪に至る幹線）の最初の宿場として、元禄十二（一六九九）年に開設された。「ここまでが江戸の範囲」とされた四谷大木戸から西方すぐに位置する。信州高遠《たかとお》藩主内藤家の中屋敷（現在の新宿御苑）の一部にできた新しい宿場ということで、内藤新宿と呼ばれた。新宿追分（現在、デパートの伊勢丹新宿店が建っているあたり）まで下町、仲町、上町と続いていた。それまでは高井戸宿が甲州街道の最初の宿場だったが、江戸から遠く不便だという理由で、浅草の名主高松喜兵衛《きへえ》らが五六〇〇両を上納して開いたのだ。五六〇〇両は、現在の金額で約五億六〇〇〇万円になる。喜兵衛らが内藤新宿を開設したのは、そうした表向きの理由のほかに、内藤新宿を遊興の場として活用したいとの意向があったと思われる。

元禄十五（一七〇二）年には幕府公認の遊郭だった吉原から、「新宿などで遊女商売を行っている」という旨の訴えが出されている。その後は火災にあったりもしながら大江戸の西門として五〇軒以上の旅籠《はたご》が繁盛するようになり、吉原との軋轢《あつれき》も強くなったと思われる。

内藤新宿は繁盛していたにも関わらず、享保三（一七一八）年に廃駅となる。理由としては旅人が少ないためとされているが、徳川吉宗の享保の改革で、風紀引き締めの一環として見せしめ的に廃駅にされたと推測される。

その後、宿場の廃止によりまちは衰退するが、地元の運動により約半世紀後の明和九（一七七二）年に内藤新宿は再開される。飯盛女《めしもりおんな》と呼ばれた遊女も一五〇人置くことが許可されている。祭りのときには通りを跨《また》ぐ橋灯籠をかけたり、旅籠の主人が大名行列の真似事をしたりと、栄華を誇った。

内藤新宿の遊女白糸《ゆうじょしらいと》と鈴木主水《もんど》という武士の心中が「隅田川対高賀紋《ついのかがもん》」という芝居になり大ヒットするなど、内藤新宿の名前は全国的に知られるようになっていく。

内藤新宿の浮世絵には、玉川上水沿いにきれいな桜並木が描かれたものがある（次頁）。とても美しい景色だが、これは幻の桜並木だったようだ。安政三（一八五六）年に桜が植えられたことは間違いない。しかし、「御用木」という偽の札を立てたことが御《お》林《はやし》奉行の目に留まり、二月に植えたものの三月には撤去を命じられてしまう。内藤新宿の桜並木は浮世絵の中だけに残されているのだ。

広重「玉川堤の花」(濃州屋版大判三枚続／所蔵・新宿歴史博物館)

［現・歌舞伎町一丁目］幕末に現れた射撃場

■最初に居を構えた旗本「城」家

さて、現・歌舞伎町一丁目に当たるエリアから、その来歴をのぞいてみよう。「御府内沿革図書《ごふないえんかくずしょ》」（安政五年作。江戸の道路、屋敷などの変遷を記した絵図）（次頁上）を見ると、江戸時代初期の延宝年間（一六七三～八一年）は、現・歌舞伎町一丁目のほとんどが城《じょう》市太夫（富茂《とみもち》）の屋敷となっている。それが、江戸後期の天保十四（一八四三）年になると（次頁下）、東は石川太郎左衛門、西は大筒角場《おおづつかくば》となり、城家の屋敷は現在の新宿駅西口あたりに小さく残されるのみとなってしまった。

では、歌舞伎町の初期の住民、城家とはどういう家柄であったか。城家は上杉家、武田家、徳川家に仕えた珍しい武家である。幕府が編集した大名や旗本の家系を記した「寛政重修諸家譜《かんせいちょうしゅうしょかふ》」によれば、城家は平氏の出身で、武田家没落後に徳川家康に召されて仕え、小牧・長久手《ながくて》の戦いなどに従軍。城昌茂《まさもち》が奏者番《そうしゃばん》（大名・旗本と将軍との連

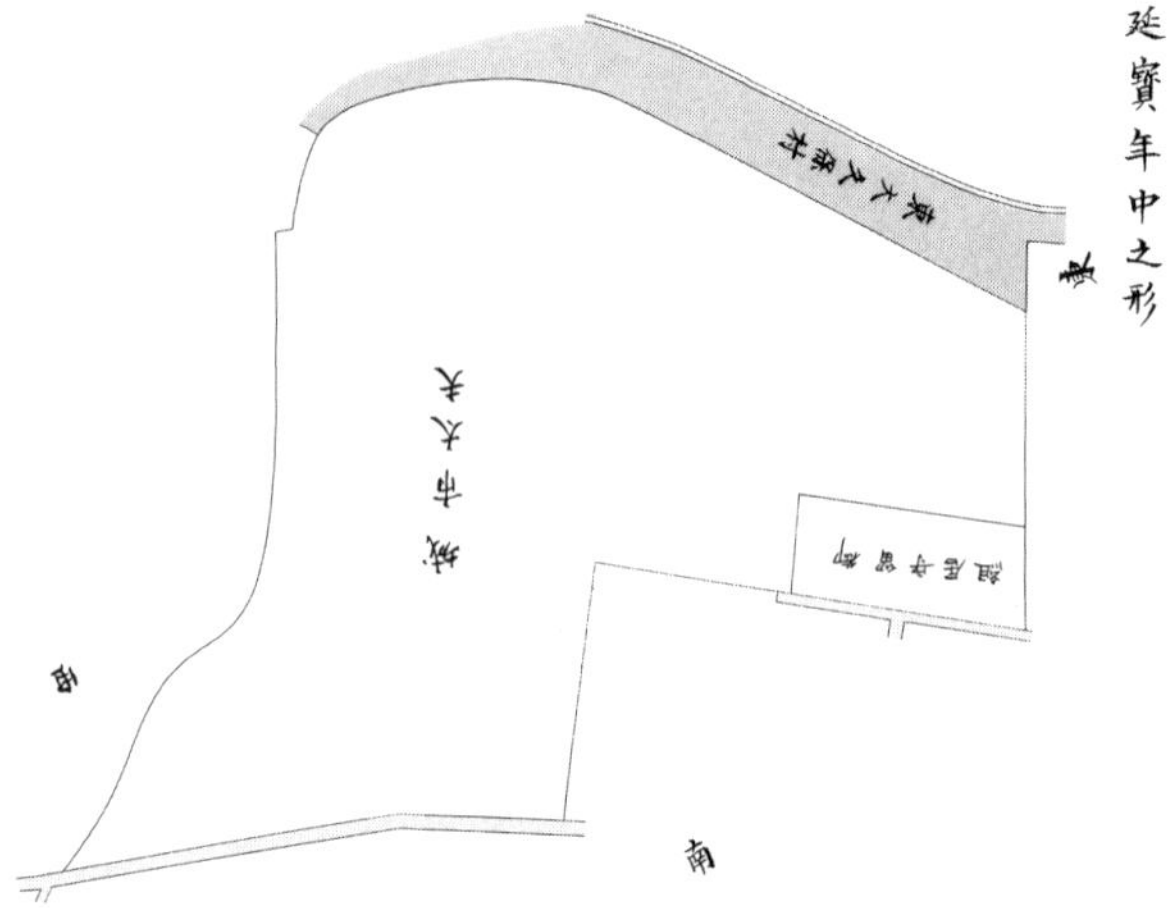

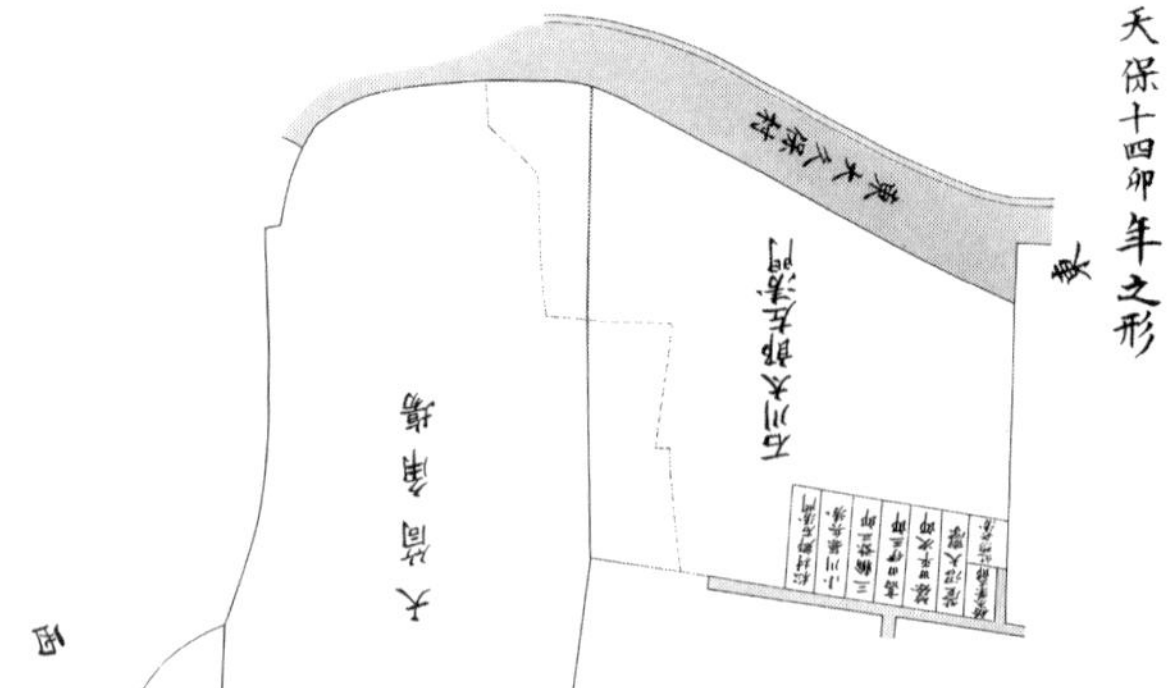

「御府内沿革図書」より。延宝年間（上）には城市太夫屋敷が広がっていたが、天保14年（下）の地図を見ると、城氏の屋敷は狭まり、石川太郎左衛門の屋敷や大筒角場が広がっていることがわかる（『地図で見る新宿区の移り変わり　淀橋・大久保編』より転載）

絡役となる需要な役職のひとつ。武家の礼式を管理した）を務め、七千石の旗本となった。しかし、大坂の陣で軍令違反があり解職され、近江の国・石山寺に謹慎、後に許され江戸に戻る途中で没している。子の城信茂《のぶもち》は書院番《しょいんばん》（将軍の護衛隊として、将軍の外出時に供を務めた）を務め、二千石の旗本となって復帰している。その後、延宝年中には、先述の城富茂、通称市太夫が書院番を務めている。

■「古狸」と称された石川太郎左衛門だが、祖父は立派だった

そして、城氏に代わって下屋敷を広げたのが、石川太郎左衛門（忠敏《ただとし》）である。NHKのBS時代劇「小吉の女房」というドラマでも、小ずるく出世している旗本として描かれている。実際のところはわからないが、勝海舟の父、勝小吉の『夢酔独言』（講談社学術文庫版）では、「おれが頭の石川右近将監のむすこがいでしが（中略）いろいろ馬鹿にしおる故、或とき木刀にておもふさまたたきちらし、あくたいをついて、なかしてやつた。師匠にひどくしかられた。今は石川太郎左衛門とて御徒頭を勤めているが、古狸にて、今になんにもならぬ、女を見たよふな馬鹿野郎だ」（原文ママ）とずいぶんひどく書かれている。

なお、ここで出てくる石川右近将監は、忠敏の祖父・忠房《ただふさ》のことである。この忠房たるや、なかなかの傑物だった。北海道に来航したロシア使節との交渉責任者を務めたのだ。『函館市史』によれば、寛政四（一七九二）年にロシアの陸軍士官ラクスマンが日本の漂流民三人を連れて根室に来航し、引き換えに通商（国交）を求めた。幕府は交渉責任者の宣諭使《せんゆし》として石川忠房などを任命して向かわせ、松前にて漂流民の大黒屋光太夫などの身柄を受け取り、感謝を伝えるも「長崎以外では交渉せず」と通告し、ロシアの国書は受け取らずに返却した。ラクスマンも石川の真摯《しんし》な交渉態度に感じたのか、函館からロシアに戻るべく出航することとした。しかし、折から北東の風が強く出航できず、この機を逃せば翌年夏まで滞在しなければならない事態となってしまった。石川忠房もこれを心配して、

こと国の　船ふき送れ　日の本の　たみをめぐみの　天津神風

という歌を詠んだところ、風向きが変わり無事に出航できたとされる。
「『交渉はできない』と告げる交渉」を無事に終わらせ、かつ円満に帰国させるという

のは困難な仕事であり、きっと切腹覚悟で臨んだのではないだろうか。

石川忠房は当時としては非常に長寿の八十二歳で没し、現・新宿区原町二丁目の幸國寺に墓が残されている。長生きしたため息子が先に亡くなってしまい、孫の忠敏が家督を継いだ。そのため、勝小吉も親子と勘違いしたのかもしれない。

▩「角筈調練場」を開設

角筈調練場は、絵図や文書によって大筒角場や大筒場とされている。鉄球を撃つ手持ち大筒の射撃場のことである。前述のラクスマンのロシア船に続き、文化五（一八〇八）年にはイギリス船がオランダ船を偽装して長崎港に入港して水や食料を要求するというフェートン号事件、天保八（一八三七）年にはアメリカの商船モリソン号が漂流民を届けに鹿児島や浦賀に来航するも日本側が砲撃し追い払ったモリソン号事件など、外国船が鎖国を続ける幕府に対して通商などを求めて来航することが多くなった。

脅威に感じた幕府は対抗するための政策の一つとして、天保十四（一八四三）年に角筈調練場を開設した。藤川整斎《せいさい》の「嘉永雑記」に詳細が記されている。現代語に意訳してみると、

「天保十四年十一月十八日　通達
四ツ谷角筈村へ、このたび大筒の射撃場が新規に出来た　諸君
射撃場がある間は　上級管理職やそれ以外の役人はもちろん
下級幕臣　幕臣の家来でも
勝手に演習を致すように　もっとも砲弾の大きさは
一キロ以下にし　毎年四月から七月まで演習するよう　日時
については井上左太夫　田付主計に相談して込み合わないよう
実施すること
右の趣旨　皆々へ通達する」

大筒の威力はそれほど大きくないが、幕府としてもそれなりの危機感があり開設したと思われる。この地域の地名は明治になって矢場となっている。大筒の射撃場が弓矢の稽古場と伝わったのか、それとも大筒は余り使われず弓矢の稽古が行われていたのか。いずれにしろ大筒の名は消えてしまった。

［現・歌舞伎町二丁目］鉄砲百人組の屋敷が広がる

■鉄砲百人組の組頭を務めた、久世三四郎

鉄砲百人組が住んだので、大久保には今も百人町という地名が残っている。百人組には二十五騎組、伊賀組、甲賀《こうか》組、根来《ねごろ》組の四組があり、そのうち大久保に住んだのは二十五騎組だ。徳川家が火急の際に甲州街道沿いに甲府へ退くために配置され、八王子には同じ目的で千人同心《せんにんどうしん》（八王子の治安維持や甲州の国境警備など担った）が置かれた。

なお江戸城には百人組が詰めた百人番所があり、現在の皇居東御苑に現存している。また、現在でも鉄砲組百人隊行列が隔年で実施されている（次頁）。鉄砲の試射などが行われ、新宿区の無形民俗文化財に登録されている。

この地を屋敷とした久世三四郎は、「鉄砲百人組」の組頭を務めた家柄で、通称名が歴代、三四郎となっている。江戸切絵図「内藤新宿新屋敷辺之図」（一七頁）に書かれた久世三四郎は、久世広景《ひろかげ》と推測される。久世家の祖というべき久世長宣《ながのぶ》は三河一向一

戦後復活した、鉄砲組百人隊出陣の儀（提供・新宿区）

揆で徳川家康と戦い討ち死にしている。だが、その子の久世広宣《ひろのぶ》は許され家康配下となり、旗本として活躍。広宣の長男である久世広当《ひろまさ》（三四郎）は新田開発などを行い七千石となって出世している。そして寛永十二（一六三五）年に、広当は鉄砲百人組の組頭となり、この地を拝領した。

なお、江戸切絵図「内藤新宿新屋敷辺之図」（一七頁）は厳密に描かれたものではないため、「御府内沿革図書」（次頁）を参照してみよう。実際の久世三四郎の屋敷は角筈調練場にほぼ隣接する場所で、現在の大久保病院一帯に当たる。現・歌舞伎町二丁目か

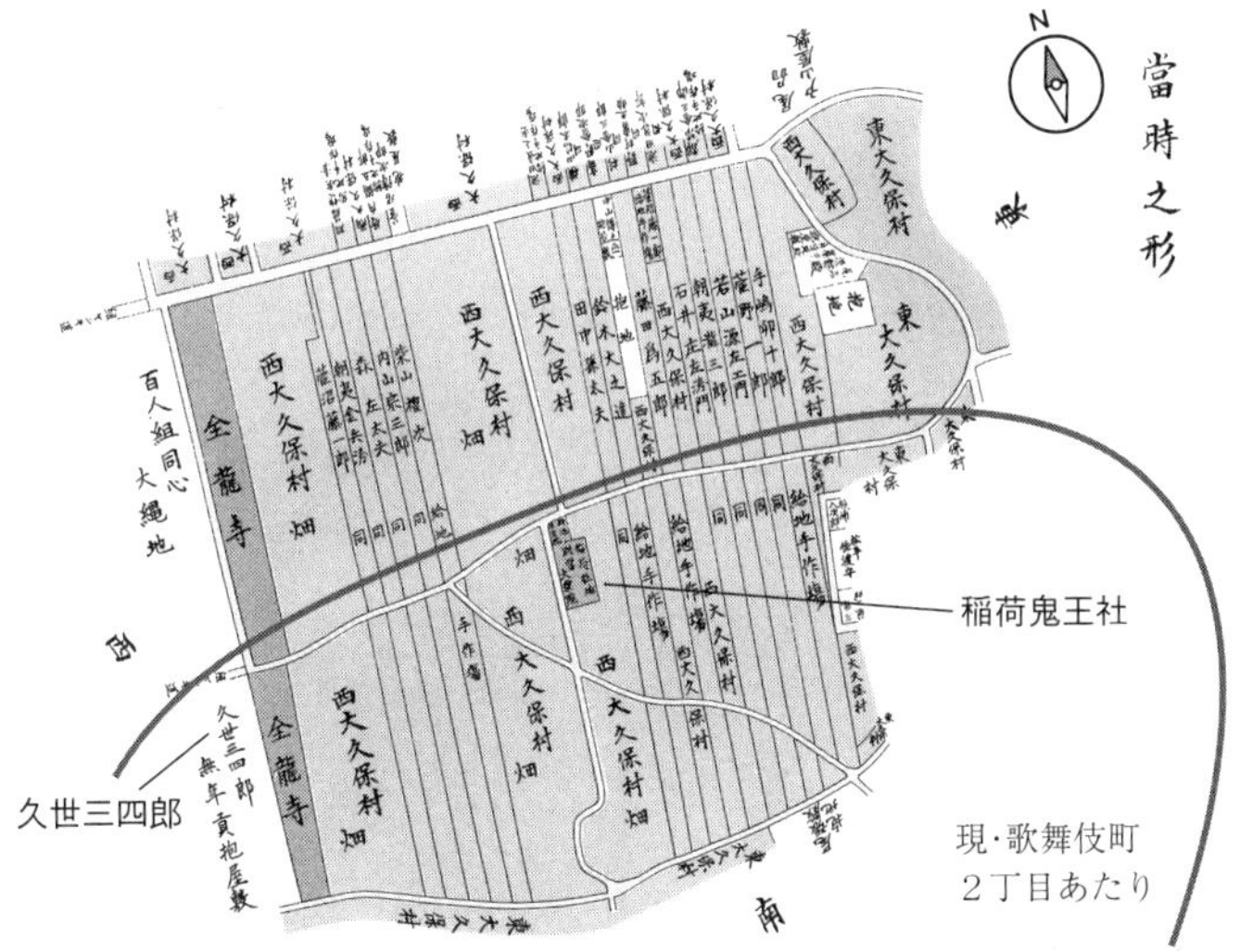

「御府内沿革図書」より久世三四郎邸など（『地図で見る新宿区の移り変わり　淀橋・大久保編』より転載、編集部により追記）

ら大久保にかけては百人組の屋敷が南北に長く短冊状に続いていた。そのため現在でも南北に走る道は多く、東西に走る道は少ないまち並みだ。その理由として、家長《かちょう》が戦地に赴《おもむ》いたときに残された妻子が互いに話をしやすいように短冊状の敷地にしたという説もある。

　また江戸時代の絵図には現・歌舞伎町二丁目を北西から南東に斜めに縦断する道が描かれているのだが、この道は現在もそのまま残っており、大変特徴的な道路である。

『江戸名所図会』より「大久保映山紅」（国立国会図書館デジタルコレクション）

■ツツジの栽培を副業に

その後、江戸時代は平和な時代が続いた。百人組を構成する武士は下級武士であったため、給金も上がらず生活に困窮し、南北に長い敷地を生かして副業として始めたのがツツジの栽培だった。鉄砲隊の火薬の原料である木炭や硫黄や石灰が肥料として活用できたともいわれている。そのツツジが、町中が赤く染まると評判を呼び「大久保の映山紅《きりしま》」として『江戸名所図会』にも載るようになった。花・ツツジの由来である。現在の新宿区の歌舞伎町二丁目にも、ツツジの栽培場が広がっていた。

なお、久世三四郎の屋敷の北隣りの現・百人町に現在もある長光寺には、次のような話が伝わっている。久世家に古くより伝わっていた弘法大師作の薬師如来像があったが、ある夜、薬師如来が枕辺に顕《あらわ》れ「ぜひ一宇《いちう》（一棟の堂）を建てて前の長光寺の寺域に移してほしい。そうすれば我はその地に永くとどまりて衆生に幸福を授くべし」と告げられた。のちに薬師堂が建てられ多くの参拝者を集めたが、先の大戦でお堂は焼失。かろうじて疎開してあった尊像は、平成十三（二〇〇一）年、長光寺の本堂建設に併せて薬師堂「新宿しあわせ薬師」を建立し収められた。

▒鬼王神社に残る刀傷

また、歌舞伎町二丁目に今もある鬼王神社の名前も、江戸切絵図「内藤新宿新屋敷辺之図」（一七頁）で見つけることができる。稲荷と鬼王の二つの記載があるが、稲荷神社と、熊野から勧請された鬼王権現が天保二（一八三一）年に一緒になり、稲荷鬼王神社になったとされている。熊野の鬼王権現は現存しないため、日本で唯一、鬼王の名を持つ神社である。別当寺（神仏混合であった江戸以前、神社を管理するために置かれた寺）は大乗院となっている。練馬区にある大乗院が関宿《せきやど》藩主久世大和守の祈願所で、先述した久世家の分家のため、出張して管理していた可能性もある。

鬼王神社では、豆腐を神社に奉納して豆腐を断ち病気平癒を祈る「撫で守り」が知られ、湿疹や腫物その他諸病一切に御利益があるとされている。また、節分の豆まきで「福は内、鬼は内」と唱えることでも有名だ。さらに、境内にある三島神社に祀られている恵比寿神は新宿山ノ手七福神の一つである。

鬼王神社の鳥居の左側にある水鉢は邪鬼が水鉢を頭に載せる珍しい形だ。この水鉢には伝説がある。文政年間（一八一八〜三〇年）より幕臣加賀美何某の屋敷内にあったが、毎晩水を浴びるような音がしたため、ある夜、主人が刀で切りつけた。その後、家人に病気や災難が続いたため、天保四（一八三三）年に鬼王神社に寄進されたのだ。水鉢を支える邪鬼の肩口にはこのときの刀傷があり、これに水を注いで祈願すると、熱病や子どもの夜泣きが収まるといわれ信仰された。新宿区の指定有形文化財となっている。

裏手には珍しく二つに分かれた富士塚（富士講の人たちが富士山を模して築いた塚）がある。もとは一つで本殿よりも高かったといわれるが、地盤の関係で傾いたりしたため二つに分けたとされている。

［ゴールデン街］定火消・本多対馬守の下屋敷

■定火消しを務めた、本多対馬守

現在のゴールデン街（現・歌舞伎町一丁目）の場所には、本多対馬守《つしまのかみ》の下屋敷があった。本多氏は江戸幕府譜代の臣、徳川四天王の家柄で分家も多く、本多氏の大名は一三家、旗本は四五家もある。歌舞伎町に下屋敷をもっていた本多対馬守は、分家の分家で、年代と名前から三河西端《みかわにしばた》領主で九千石の旗本、本多忠興《ただおき》と思われる。下屋敷というと大名しか持てないのではと思うが、大身の旗本は所有していたようである。もっとも忠興の子、忠寛《ただひろ》は元治元（一八六四）年に加増され一万五〇〇〇石となり、現在の愛知県碧南《へきなん》市の西端藩として大名に列せられている。

本多家は歴代、定火消《じょうびけし》の役を務めていた。江戸の火消というと「め組の喧嘩」で知られる町火消《まちびけし》が有名だが、江戸時代の消防には大名による大名火消、旗本による定火消、町人による町火消という大きく三つの組織があった。定火消は消防だけでなく、治安維持も担当していた。忠寛が加増され大名になれたのも、江戸の治安維持に尽力した功によるとされている。

定火消の屋敷には火の見櫓《やぐら》や半鐘《はんしょう》が備えられていて、現在の消防署の原型ともいわれている。本多忠興の役宅は新宿区の神楽坂にあり、現在もある本多横丁は本多家の屋敷があったところから名付けられた。すなわち、本多対馬守は山手方面の消防、警備責任者だったことになる。

▒新宿の総鎮守、花園神社

花園神社は現在の新宿五丁目に位置するが、歌舞伎町に隣接し、新宿の総鎮守とよばれる存在であることから取り上げていきたい。

社伝によれば、花園神社は江戸幕府が開かれる前に大和吉野山から勧請《かんじょう》された。また、寛永年代までは少し南側、現在の伊勢丹のそばにあったとされる。確かに、明治通りの東には花園町という地名がかつてあり、関係があるのかもしれないが、正確なところは不明である。いずれにしろ、延宝年間（一六七三〜八一年）にはすでに現在地で、今と同じ参道が南に飛び出た敷地が絵図で確認できる。

江戸切絵図「内藤新宿新屋敷辺之図」（一七頁）では花園イナリ社と記載され、別当三光院となっている。江戸時代は神仏習合が普通で神社と寺は一体として運営され、別当寺の住職が宮司を兼ねるのが一般的だった。それが、明治政府の廃仏毀釈政策で、三光院も明治初年に廃寺となった。新宿区上落合の最勝寺に、三光院にあった道標の石柱が今に伝わっている。また、三光院にちなんだ三光町という地名が、昭和五十三（一九七八）年まで残っていた。

現在の花園神社の社殿は昭和四十（一九六五）年築の鉄筋コンクリート造りだが、靖国通り側の参道にある一対の唐獅子像は江戸時代の作である。文政四（一八二一）年に内藤新宿下町の氏子《うじこ》から寄贈された銅製の像で、新宿区の指定文化財とされている。

花園神社といえば酉《とり》の市が有名だ。明治時代に始まったとされ、多くの人が訪れる師走を迎える風物詩である。境内では熊手を商う店や飲食の露店も多く、かつては見世物小屋もあり、怪しげな口上とともに、にぎやかな新宿らしいお祭りの場となっていた。

また、花園神社は昭和四十二（一九六七）年から唐十郎《からじゅうろう》率いる状況劇場の紅《あか》テント公演が行われてきたことでも知られる。神社とアングラ演劇という異質なものが溶け合い、当時の新宿が文化の中心地だったことを象徴する公演だ。花園神社の境内は若者た

花園神社

ちの熱気であふれていたという。現在でも、状況劇場の思いを継いだ劇団により、花園神社ではテント演劇が上演されている。

一方あまり知られていないが、花園神社は春の桜も美しい。ごちゃごちゃした歌舞伎町の人込みに疲れたときに、花園神社の桜の下にたたずむと心が洗われたようになれるのでお勧めだ。

第二章

明治時代
新宿駅ができるも「郊外」の香り漂う

新宿駅（明治44年撮影／所蔵・新宿歴史博物館）

宿場町は、新宿遊郭に。内藤家の屋敷は、新宿御苑に

■宿場町跡に広がった、新宿遊郭と牧場

徳川幕府のお膝元であった江戸のまちは明治維新により東京となったが、一〇〇万人といわれていた江戸の人口は七〇万人以下になった。この原因は、江戸の人口の約半数を占めていた大名や武士が国元に帰り、徳川直参の旗本や御家人も多くが静岡へ移転したことにより武士の人口が激減したためといわれている。そのため、市街地も茶畑などの農地に変わり「寂寥《せきりょう》たる景色」が出現したとされる。

内藤新宿や、内藤家の屋敷はどうなったのだろうか。

実は、両者ともにしっかり生き延びている。内藤新宿の旅籠は「貸座敷」に、飯盛女は「娼妓《しょうぎ》」となって、「新宿遊郭」となっていった。ただ、遊郭は甲州街道沿いの一角であり、その裏側は何もなく、そこにできたのが牧場である。明治二十一（一八八八）年に耕牧舎《こうぼくしゃ》（明治十二年に渋沢栄一と益田孝などによって設立された会社。箱根仙石原で牧

場開拓を開始。東京にも販路を広げた）の牧場が開かれ、芥川龍之介の実父が支配人を務めていた。芥川は牧場でアイスクリームを食べたことやラム酒を飲んだことを作品に書いている。

▩近代農業、近代園芸のあけぼの

また、内藤家の屋敷は明治五（一八七二）年に国に買収され、「内藤新宿試験場」となる。「広く内外の植物を集めて、その効用、栽培の良否」などの研究を行うとして、国家規模で農業や植物栽培などの研究が行われた。明治十（一八七七）年には東京大学農学部や東京農工大学農学部のもととなった農事修学場が設立されている。明治十二（一八七九）年には宮内省に移管され「植物御苑」となり、皇室の台所、すなわち御料農場になる。その後の大改造を経て明治三十九（一九〇六）年に、我が国随一の大庭園「新宿御苑」が完成した。日本の造園史上、最大の庭園事業であったといわれている。

新宿御苑には幻の宮殿計画があった。フランス人の造園家アンリ・マルチネに依頼し設計図もひかれたが、実現することはなかった（新宿御苑インフォメーションセンターには宮殿想像図の写真があるので、ご覧になってほしい）。

[現・歌舞伎町一丁目]「大村の森」が出現

■「裏」の町名はなぜついた

現・歌舞伎町も、明治になり大きく変貌を遂げた。まずは町名の変遷をみてみよう。

明治二十二(一八八九)年に角筈村と柏木村が合併して**淀橋町**が成立し、現在の歌舞伎町一丁目の主要部分は、淀橋町大字角筈小字**十人町**および小字**矢場**となる。現在の歌舞伎町二丁目も、同じ年に東大久保村、西大久保村、大久保百人町が合併して**大久保村**が成立し、大久保病院の周辺が大久保村大字東大久保小字**角筈裏**、現・歌舞伎町二丁目の南側に細長く大久保村大字東大久保小字**新田裏**があり、中心部分は大久保村大字西大久保小字**南裏**となった。

矢場の由来は第一章(江戸時代)で紹介したが、十人町という地名は武家屋敷の数に由来するといわれている。現・新宿三丁目には五十人町の町名があり、一帯には十人町、五十人町、百人町と人数を冠した町名が続いていた。一方、現・歌舞伎町二丁目は

町名の変遷

<table>
<tr><th>江戸時代</th><th colspan="2">明治22</th><th>昭和7／10／1
淀橋区成立
（大久保町＋戸塚町＋落合町＋淀橋町）</th><th>昭和22／3／15
新宿区成立
（淀橋区＋牛込区＋四谷区）</th><th>昭和23／4／1
歌舞伎町成立</th><th>昭和27／12／27</th><th>昭和53／7／1
（住居表示実施日）
現町名</th></tr>
<tr><td rowspan="2">角筈村</td><td rowspan="2">淀橋町
（角筈村と柏木村が合併）</td><td>大字角筈小字
十人町</td><td rowspan="2">淀橋区角筈一丁目</td><td rowspan="2">新宿区角筈一丁目</td><td colspan="2" rowspan="2">新宿区歌舞伎町
（角筈一丁目北部と東大久保三丁目南部のみ。角筈一丁目南部は新宿三丁目に）</td><td rowspan="2">新宿区歌舞伎町一丁目
（歌舞伎町、三光町一部、角筈一丁目一部、百人町一丁目一部）</td></tr>
<tr><td>大字角筈小字
矢場</td></tr>
<tr><td rowspan="2">東大久保村</td><td rowspan="3">大久保村
（東大久保村と西大久保村と大久保百人町が合併）
※大正元12／1　大久保町になる</td><td>大字東大久保小字
角筈裏</td><td rowspan="2">淀橋区東大久保三丁目</td><td rowspan="2">新宿区東大久保三丁目</td><td rowspan="2">新宿区東大久保三丁目
（昭和27／12／27西大久保一丁目に編入）</td><td rowspan="2"></td><td rowspan="3">新宿区歌舞伎町二丁目
（西大久保一丁目一部）</td></tr>
<tr><td>大字東大久保小字
新田裏</td></tr>
<tr><td>西大久保村</td><td>大字西大久保小字
南裏</td><td>淀橋区
西大久保一丁目</td><td>新宿区
西大久保一丁目</td><td colspan="2">新宿区
西大久保一丁目</td></tr>
</table>

『新修 新宿区町名誌』（新宿区歴史博物館発行）をもとに作成

角筈裏、新田裏など「裏」を冠した町名が続いている。昔は日本海側の地方は「裏日本」と呼ばれていて住民は憤慨していたが、現・歌舞伎町二丁目の人も気分が悪かっただろう。江戸時代から現・歌舞伎町一、二丁目の境を「蟹川」（現在は下水道幹線で暗渠化）が流れていて、その水辺を「浦」と呼んでいたため、そこから「裏」という地名になったとは考えられないだろうか。なお、新田裏という地名は平成までバス停の名称として残っていた。

■大村伯爵邸の「鴨場」

明治四十二（一九〇九）年測図の陸地測量部の地形図を見ながら（次頁）、明治維新を乗り越えた歌舞伎町の姿を追っていきたい。

地形図を見ると、まちに巨大な池ができている（次頁②）。池の中心には二つの島もある。この巨大な池を造ったのは、大村純雄《すみお》伯爵（四四頁）である。大村伯爵は嘉永四（一八五一）年に、佐土原《さどわら》藩主（宮崎県）島津忠寛《ただひろ》の次男として生まれた。明治二（一八六九）年にはアメリカのハーバード大学に留学。帰国後の明治六（一八七三）年に、大村藩（長崎県）最後の藩主であった十二代大村純熈《すみひろ》の四女と結婚して大村姓を名乗り、

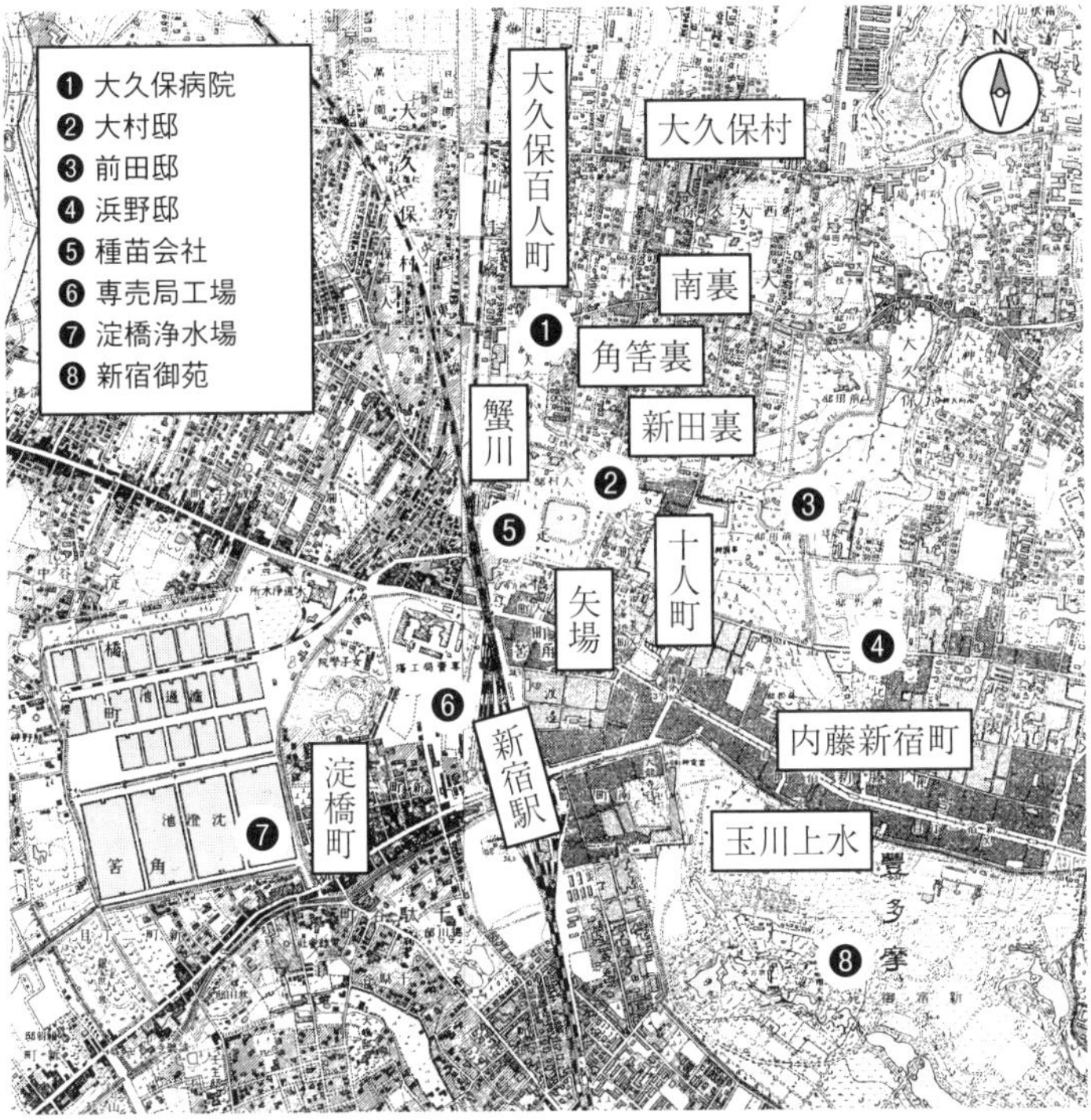

陸地測量部地形図（明治42年測図／『地図で見る新宿区の移り変わり　淀橋・大久保編』より転載、編集部により追記）

明治十五（一八八二）年に家督相続をして子爵、明治二十四（一八九一）年には伯爵になっている。貴族院議員も務めた明治のエリートだ。大村家の本邸は麻布市兵衛《いちべえ》町《ちょう》にあり、歌舞伎町は別邸だった。なぜ、ここに巨大な池をつくったのか。答えは鴨猟のためである。

　鴨猟は、明治時代に皇室をはじめとする上

流階級で流行したスポーツ、レジャーのようだ。元溜《もとだまり》と呼ばれる池に集まった野生の鴨を、訓練されたアヒルを使い引堀に誘導し、網で鴨が飛びたつところを捕獲する。江戸時代に将軍家や大名家に伝わっていたものを明治以降、皇室が継承して今日に至るという。

鴨猟の池は中心に島があり、周囲に引堀がつくられていることが特徴だ。大村家の池を描いた地図では引堀までは確認できないが、新宿御苑の地図では池の詳細がよくわかる（次頁）。

大村純雄（「華族画報」より転載／提供・国立国会図書館）

明治十二（一八七九）年に宮内省に移管された新宿御苑にも、明治十四（一八八一）年に天皇の「御沙汰」により鴨猟の池が設けられ、明治天皇や皇太子だった大正天皇などがたびたび行幸している。獲った鴨は、現在の皇室ではすべて放鳥しているが、明治時代は鴨焼きにして食している。ちなみに昭和天皇はゴル

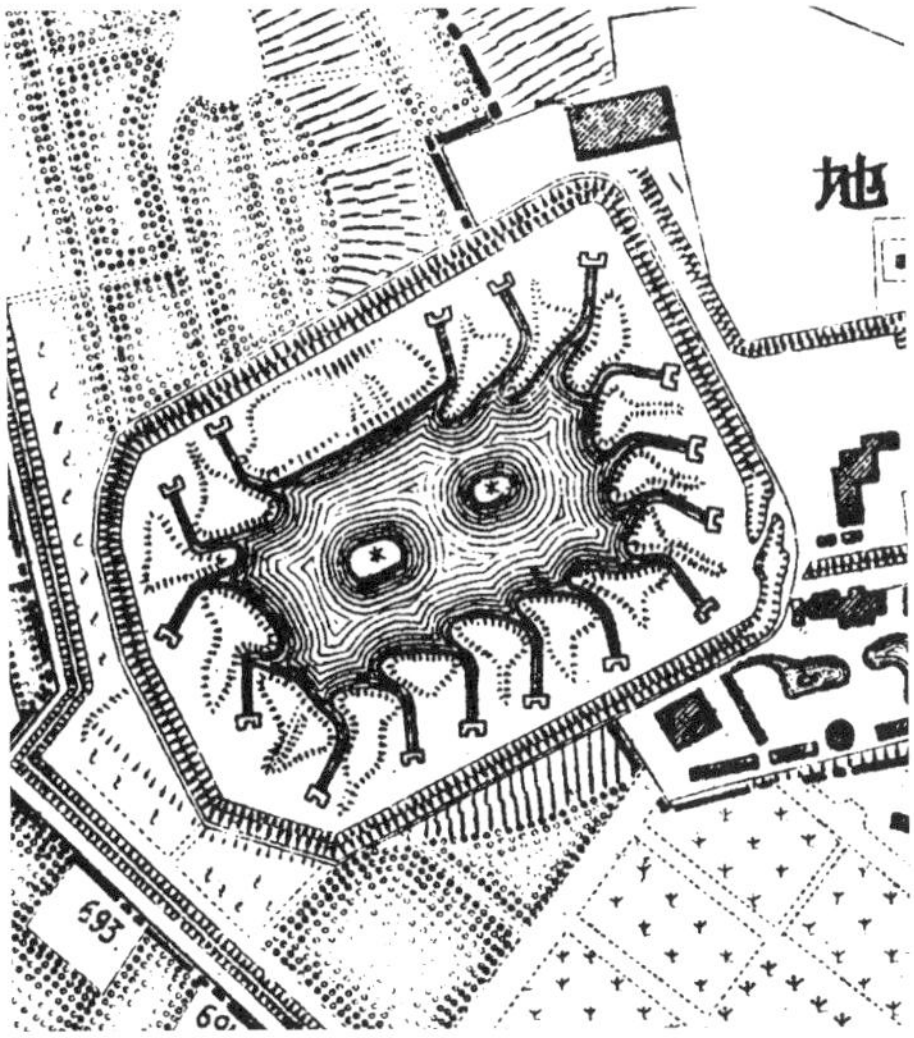

新宿御苑の鴨場（部分）（『地図で見る新宿区の移り変わり　四谷編』より転載）

フがお好きだったようで、新宿御苑に九ホールのゴルフ場を造成していて、今でも新宿御苑の池をさらうとゴルフボールが発見されることがあるそうだ。

大村邸の鴨池は、明治二十（一八八七）年の地図では確認できないので、それ以降に新宿御苑の鴨池を参考に造られたと推測される。きっと歌舞伎町でとれたてのおいしい鴨料理に舌鼓が打たれていたのだろう。この巨大な池と周囲の森から、歌舞伎町は「大村の森」と呼ばれることになる。その他にも、近くの現・新宿五丁目にあった旧加賀藩前田家の邸宅や、投機で財を成し「新宿将軍」と呼ばれた浜野（茂）邸にも大きな池の存在が確認でき、明治時代、新宿は鴨猟のメッカだったようだ。

■「真珠養殖の祖」としても有名人

なお、大村伯爵の功績として知られ

ているのが、真珠の養殖である。実は大村家の本拠地・長崎県は、真珠の養殖で生産量日本一（令和三年）なのだ。大村湾は奈良時代から真珠の産地で、十六世紀には天正遣欧少年使節がときのローマ教皇グレゴリウス十三世に真珠を贈っているのだが、使節の出身地から大村湾の真珠であるとされている。明治時代には日本初の真円真珠の養殖に成功し、大村伯爵が大村湾水産養殖所を開設して技術改良を行い、日本有数の産地となっていった。

■ブドウやメロン、イチゴなど、西洋由来の青果はここから

大村伯爵邸の西側、現在の西武新宿駅前には、日本種苗《にほんしゅびょう》という「東洋第一の種苗店」と自称する会社があった。明治二十年代に耕牧園として開業し、明治四十（一九〇七）年に日本種苗株式会社に改称している。野菜や果物の種子や苗木などを全国に通信販売していた。無料で配布していた営業案内（明治四十二年刊／次頁）を見ると、「大根の大王」として練馬大根が紹介されていたり、三色菫《みいろすみれ》としてパンジーが紹介されていたり、とても楽しいカタログになっている。表紙の裏に営業所の図が描かれているが、高い煙突のある大きな温室を備えた栽培場、販売部、事務所となかなかの規模だ。

実は日本種苗で販売していた品種を生んだのが、新宿御苑と考えられる。新宿御苑の育ての親ともいうべき人物で、新宿植物御苑掛長を務めた園芸家・福羽《ふくば》逸人《はやと》が、御苑が宮内の御料農場として機能していた時代に、国内初となる無加温室での温室ブドウ栽培を実現。ほかにもメロン、イチゴ、オリーブなど西洋の果樹を日本に導入して、民間普及にも力を入れていたのだ。新宿御苑から日本種苗のような種苗会社を経て、西洋果樹が日本全国に広まっていったのだろう。なお、明治十八（一八八五）年の新宿駅開業と同時に創業した、新宿で一番の老舗《しにせ》タカノは、新宿御苑で生まれたマスクメロンを販売して有名になった。

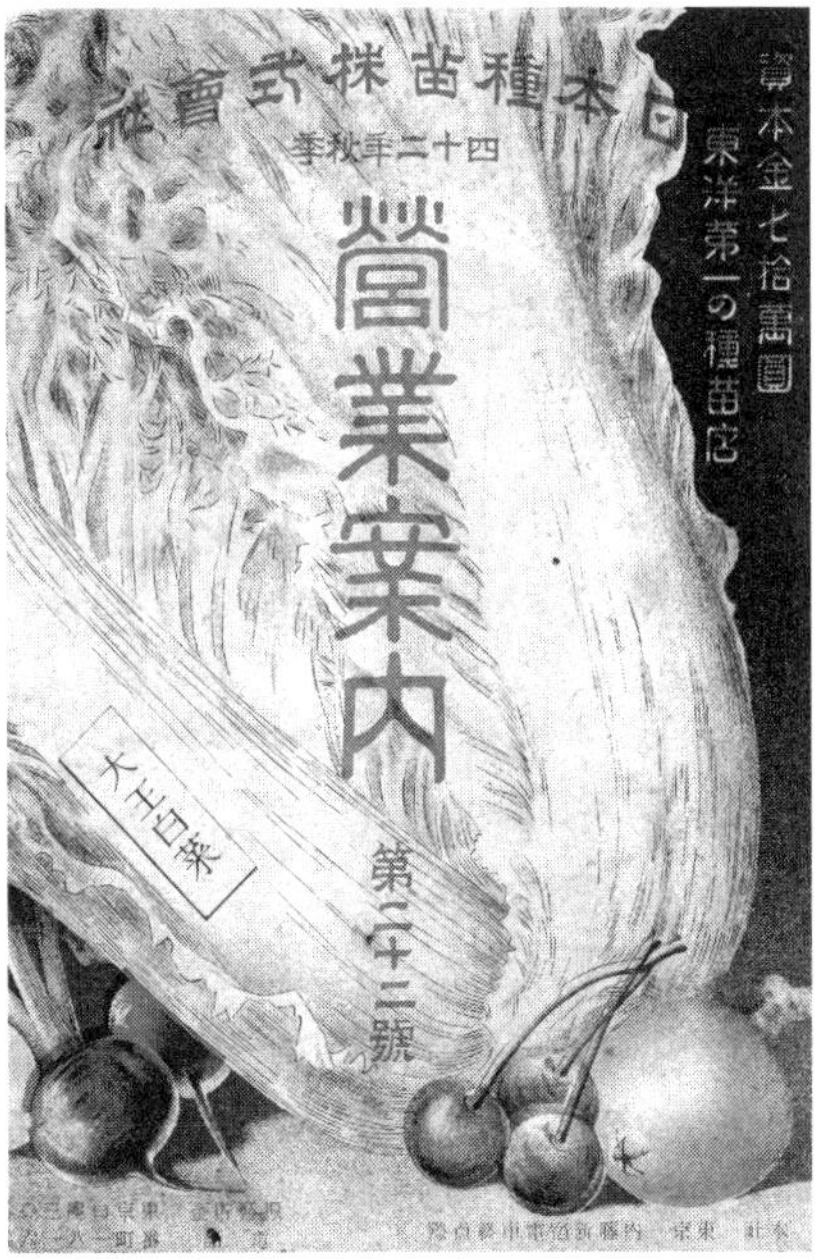

日本種苗㈱営業案内（所蔵・著者）

　日本種苗の営業案内に目を戻すと、表紙には本社の場所として「内藤新宿電車終点際」と書かれている（住所は淀橋町大字角筈〈小字矢場〉七六七番地）。

かつて「日本種苗」があった場所には、現在、マクドナルド西武新宿駅前店などがある

新宿駅が明治十八年にできて二十年以上過ぎているが、この辺りが未だに内藤新宿と呼ばれていたことと、当時すでに「電車」が走っていたことに驚く。明治三十七（一九〇四）年に、甲武鉄道（現・JR中央線）飯田町駅（現在の飯田橋と水道橋の間にあった駅）から中野駅間を電車が走るようになっていた。

［現・歌舞伎町二丁目］作家・島崎藤村も暮らした住宅街

■「避病院」の歴史を背負う大久保病院

現・歌舞伎町二丁目は、明治時代にどう変化しただろうか。

江戸末期に鎖国が解けて外国船が来航するようになると、コレラの流行が大問題となる。明治になっても流行は止まず、明治新政府の頭を悩ました。一〇万人以上という、新型コロナウイルスとは比べ物にならないほどの死者を出す流行が何度も繰り返されたのだ。そこで採られた策は三つ。一つ目が手洗いや消毒といった衛生観念の普及、二つ目が「避病院《ひびょういん》」（伝染病院）の設置、そして三つ目が水道事業の推進であった。

当時はコレラの効果的な治療法がなかったため、避病院は文字通り伝染病患者の隔離を目的として各地に設けられたが、その設置には住民から反対が多かった。特に東京では、江戸っ子がヒをシと発音することから避病院は死病院となってしまい、とても嫌われたという。作家の正宗白鳥《まさむねはくちょう》にはズバリ「避病院」という短編小説があるが、巡査が患

避病院として開業した大久保病院（所蔵・東京都立中央図書館）

者を避病院へ連行するという描写もあり、避病院はとても怖い場所として描かれている。

歌舞伎町の避病院は明治十二（一八七九）年に開設され、のちに東京府立大久保病院となる。歌舞伎町に設けられた最初の近代的施設であり、新宿駅より六年も早い。関東大震災で崩壊するも、昭和四（一九二九）年に帝都復興事業の五大病院の一つとして再建され、平成の初めまで使われていた。

現在の東京都立大久保病院は、東京都が土地信託を活用して平成五（一九九三）年に建設した東京都健康プラザ「ハイジア」内にあり、高層ビルとなっている。土地信託とは、信託銀行が土地所有者から信託財産として土地を預かり、賃貸ビルなどを建設して配当を支払う制度で、公共資産を売却せずに活用できるとして多くの自治体で取り組まれたが、バブル崩壊の時期とも重なり運用が上手くいっているところは少ない。ハイジアも二十年間で東京都が得た配当は十億円で、当初想定の一％以下であるが、銀行は利息として一六五億円を受け取っている。

なおハイジアには「しんじゅく多文化共生プラザ」も設けられている。新宿区の人口の一〇％以上は外国人であり、歌舞伎町や新宿駅周辺に限れば人口の半数近くは外国籍の住民になっているのではないだろうか。出自を問わずに誰もが活躍できる新宿・歌舞伎町は外国人にも暮らしやすいまちといえるだろう。「しんじゅく多文化共生プラザ」は、そうした外国人と日本人が交流し、情報を交換しあう場として機能している。

▩植木屋の借家で生まれた、島崎藤村の処女作

歌舞伎町に話を戻すと、明治四十四（一九一一）年十二月刊行の『東京年中行事』に、次のような記事が掲載されている。

「花の見頃は矢張《やはり》五月の始頃で、甲武線では（中略）臨時電車を増発して居るが（中略）昔ほどの見物はない（中略）大久保の躑躅《ツツジ》が衰え行くにつれて、この辺りに増えて行くものは借家ばかりである。（中略）自動電話も郵便局も出来て、場末の特色を備へた郊外の一つの町となつて了《しま》つた」（原文ママ／ルビ編集部）

筆者は大久保のツツジがさびれていくことを嘆いているが、一方で、大久保が新興住宅地として発展していることがわかる。明治四十一（一九〇八）年「朝日新聞」に連載された夏目漱石の「三四郎」で、野々宮さんが住んでいるのが大久保である。現在の東京大学理工学部教授の職にある野々宮さんが場末に住むわけもなく、大久保は新興だがそれなりの住宅地だった。夏目漱石自身も新居を探しに大久保を歩いたという。漱石は新宿遊郭があるあたりで幼年期を過ごしていて、太宗寺《たいそうじ》の大きな銅地蔵に登ったりしているので、土地勘もあったのだろう。

現・大久保一丁目には、作家の小泉八雲《こいずみやくも》も明治三十五（一九〇二）年から亡くなる明治三十七（一九〇四）年までの二年を過ごした。その前は五年ほど、同じ新宿の富久《とみひさ》町《ちょう》に住むが、樹木が切られたことを嘆いて大久保に引っ越している。八雲というと島根県・松江の人というイメージだが、実際に長く暮らして作品を書いたのは新宿だ。『武蔵野』を書いた作家の国木田独歩も一時期大久保に住み、「竹の木戸」という作品で大久保を描いている。ちなみに『武蔵野』のモデルとなった地域は現在の渋谷である。

現・歌舞伎町二丁目も当時は「大久保村」であり、住宅地となっていった。そこに住んだ作家の一人が、島崎藤村である。藤村は八雲が亡くなった翌年の明治三十八（一九〇五）年から明治三十九（一九〇六）年まで現・歌舞伎町二丁目で暮らし、処女作『破戒』をここで書き上げている。職安通りに島崎藤村旧居跡の石碑が残されている。八雲旧居から藤村旧居までは二〇〇mほどと近い。藤村にここを斡旋《あっせん》したのは、友人で画家の三宅克己《こっき》である。三宅はその経緯を著書『思い出づるまま』でこう述べている。

島崎藤村（国立国会誌図書館デジタルコレクション）

「私が大久保の静かな植木屋の地内の新築家屋を発見してお知らせし

て、その所に住まわれることになったが、藤村さんも未だ幼少なお嬢さん達を引き連れ、不安の思いで上京されました。間もなく引き続く不幸が重なり、とうとう大久保の住居も見捨て……」（原文ママ）

藤村はこの住まいで幼い子どもたちを亡くしており、歌舞伎町は苦い思い出の地になったのかもしれない。一方で、夏目漱石に「明治の小説として後世に伝えるべき名編」と激賞された処女作を書かせた地でもある。一つ注目してほしいのが、藤村が住んだ借家が「植木屋の地内の新築家屋」だったことである。ツツジを栽培していた植木屋が、畑を潰して家を建て、人に貸すようになる住宅地としての発展の一コマがここに描かれているのだ。

淀橋浄水場や新宿駅――近代インフラ施設が続々と

▒コレラ対策として生まれた淀橋浄水場

新宿は水にゆかりのあるまちである。江戸時代には玉川上水が、江戸の水道のひとつとして機能していた。多摩川から羽村で取水して、四谷大木戸までの約四三㎞を、一〇〇m以下の高低差で結び、江戸市民に給水した。しかしコレラの流行によって、明治新政府にとって近代水道の整備が緊急の課題となった。その要《かなめ》となったのが、新宿駅西口、現在の都庁周辺に設けられた、淀橋浄水場（次頁）である。歌舞伎町から少し離れるが紹介したい。

浄水場は当初、甲州街道南側に設けられる予定だったが、西新宿の方が標高も高く、配水時に燃料などの費用を節減できるため変更となった。明治二十四（一八九一）年に場所が決定し、難工事の末、明治三十一（一八九八）年に通水している。淀橋浄水場では、砂に住む微生物が水をきれいにしてカビ臭などをなくしていた。この方式は「緩速

工学院大学屋上からみた、淀橋浄水場全景（昭和39年撮影／所蔵・新宿歴史博物館）

ろ過」と呼ばれ、のちに東京都で採用される「急速ろ過」（濁りなどを薬品で凝集、沈澱させた後の上澄みをろ過する浄水法）に比べて、臭みのない美味しい水が得られるといわれている。ただし広い場所を必要とすることなどが欠点で、淀橋浄水場も「駅前の広大な土地を占有するので新宿の発展にとってマイナスだ」という意見は強く、大正時代には移転論が浮上している。それが実現するのは半世紀後の昭和四十（一九六五）年で、浄水場は東村山に移転した。

その跡地にできたのが、新宿副都心だ。都庁などの超高層ビル群は、淀橋浄水場の配水池の区画を利用して、かつて池の底だったところに建てられている。そのため、建物の一階が、新宿駅から東西に走る道では地下一階となっており、地上を南北に走る道路と立体交差している。淀橋浄水場の記憶が残る、不思議なまち並みだ。

新宿副都心で最初に建設されたのは、昭和四十六（一九七一）年に完成した京王プラザホテルだった。日本初の超高層ホテルで、四十七階の展望室は大人気となり、開業からの半年で一〇〇万人を超える人が訪れた。ただ周囲には空き地が広がり、現在都庁が建っている場所では、少年野球が行われていた。都庁が有楽町から西新宿に移転するのは、二十年後の平成三（一九九一）年である。

■華族の子弟も通った四谷第五小学校

旧四谷第五小学校が、明治三十四（一九〇一）年に花園神社の隣に移転してきた。ここは現・新宿五丁目で、厳密には歌舞伎町ではないが、「歌舞伎町の小学校」といえば旧四谷第五小学校なので、来歴を紹介したい。

旧四谷第五小学校は、明治八（一八七五）年に（公立小学）華園《はなぞの》学校として、現・新宿一丁目の民家で開校した。開校後間もなく、入学者が多く手狭になったため、現・新

吉本興業の東京本部が入居する、旧新宿区立四谷第五小学校（提供・吉本興業）

宿二丁目の太宗寺《たいそうじ》の一画に移転している。明治維新で天皇とともに東京に来た公家の一部は新宿御苑に居を構えていて、その子弟が、学習院の新校舎ができるまで（明治二十三年）、通学していたともいわれている。小学校の玄関上に掲げられていた、山岡鉄舟《てっしゅう》（幕末の剣術家。江戸無血開城に尽力。明治天皇の侍従、植物御苑掛を務め、四谷仲町に暮らした）揮毫《きごう》の校名額が、現存している。額には雄渾な筆跡で「花園校」と記されている。

大正九（一九二〇）年に東京市四谷第五尋常小学校と改名。昭和九（一九三四）年には震災復興小学校の一つとして鉄筋コンクリート造の新校舎となっている。現在も残るこの校舎は東京市営繕の傑作と言われ、ドイツの世界的建築家ブルーノ・タウトも、著書『日記』で「明快堅牢ですぐれた建築」と称賛した。今見ても、曲線を描く階段室などはモダンで美しく、歌舞伎町名建築の一つであることに間違いない。

四谷第五小学校は、昭和の初めには児童数が一〇〇〇人を超えるマンモス校であり、第二次世界大戦後も昭和三十年代までは児童数も多かった。だが、歌舞伎町の繁華街としての発展とともに児童数は減少していき、平成七（一九九五）年、ついに四谷第七小学校と統合され廃校となった。ところで、統合された新校は、現・新宿一丁目の旧四谷第七小学校の跡地にできたのだが、新名称は新宿区立花園小学校である。百二十年たって、昔の名前が復活しているのだ。

廃校後、旧四谷第五小学校の建物は、吉本興業の東京本部となった（前頁）。所有は今でも新宿区で、吉本興業には貸し出されている。詳細は戦後の章に綴《つづ》るが、歌舞伎町を健全なエンターテインメントのまちとして再生を図るべく、区の取り組みの一環として成された。

▨「通勤ラッシュ」が始まる

この章の最後に、新宿発展の大きな要因となった新宿駅にもふれておく。新宿駅は明治十八（一八八五）年に品川と赤羽を結ぶ日本鉄道（現・山手線、赤羽線一部）の駅として開業した。本来はもっと東側、旧内藤新宿のあたりに設ける予定だったが、地元が蒸気機関車の煤煙などを嫌って反対したため、当時は雑木林だった、現・新宿駅東口ルミネエストの場所に開設されたのだ。そのため新宿駅の住所は当初、角筈村字渡邉土手際《どてぎわ》といった。江戸時代の旗本渡邉氏屋敷の土塁に位置したため、こう名づけられた。なお開業当時の駅名は「内藤新宿駅」で、二年後に「新宿駅」に改名している。

現在は一日約三五〇万人という世界最大の乗降客数を誇るターミナル駅で、ギネスブックにも認定されているほどだが、開業したときは一日に数往復の汽車しか通らず、乗降客は平均すると一日五〇人だった。そもそも路線自体が、北関東の木炭などの産物を運送するために設けられたもので、貨物が中心だった。駅前には掛茶屋《かけぢゃや》が二軒あり、片方にはタヌキ、もう片方にはキツネが飼われていて、タヌキ茶屋とキツネ茶屋と呼ばれていたと伝わる。明治になっても、雑木林の中に掛茶屋という、江戸時代とあまり変わらない風景が広がっていた。

その後、明治二十二（一八八九）年に「地図の上に定規を置いて路線を決めた」ともいわれる甲武鉄道（現・JR中央線）が開業して乗換駅となり、明治三十七（一九〇四）年には先述のように蒸気機関車に混じって「電車」が走るようになる。明治三十九（一九〇六）年には新宿駅南口の甲州街道に面して二代目駅舎が開業する。同じ年に「鉄道国有法」が制定され、日本鉄道や甲武鉄道は買収されて国鉄、現在のJRができた。明治四十三（一九一〇）年には新宿駅西口に面して、一五〇〇人近い従業員を擁《よう》するたばこ工場（専売局淀橋工場）ができて、今とは比較にならないと思われるが、朝夕の通勤ラッシュも始まったといわれる。

新宿駅ができた頃の牧歌的な風景も明治末には大分変ってきている。新宿区の牛込地域に住んだ作家の田山花袋は、著書『東京の三十年』の中で「東京は泥濘の都会」であるとした。雨が降ればドロドロで晴れた日には砂ぼこりの舞うまちだったのだ。

中村屋の創始者の相馬愛蔵《そうまあいぞう》は、明治時代の新宿について、著書『一商人として』で手厳しく語っている。

「当時の新宿の見すぼらしさは、いま何処と言って較べて見る土地もない位（中略）

電車は単線で、所々に引込線が引かれ、筋向ひの豆腐屋の屋根のブリキ板が、風にあふられてバタバタと音を立ててゐるなど、こんな荒んだ場末もなかつた」(原文ママ)

相馬はそんな新宿に将来性を見出し進出したわけで、洗練されていなくともバイタリティにあふれた景色に、これからの発展を予測していたのだろう。

第三章

大正時代「大村の森」は「尾張屋の原」に

歌舞伎町弁財天

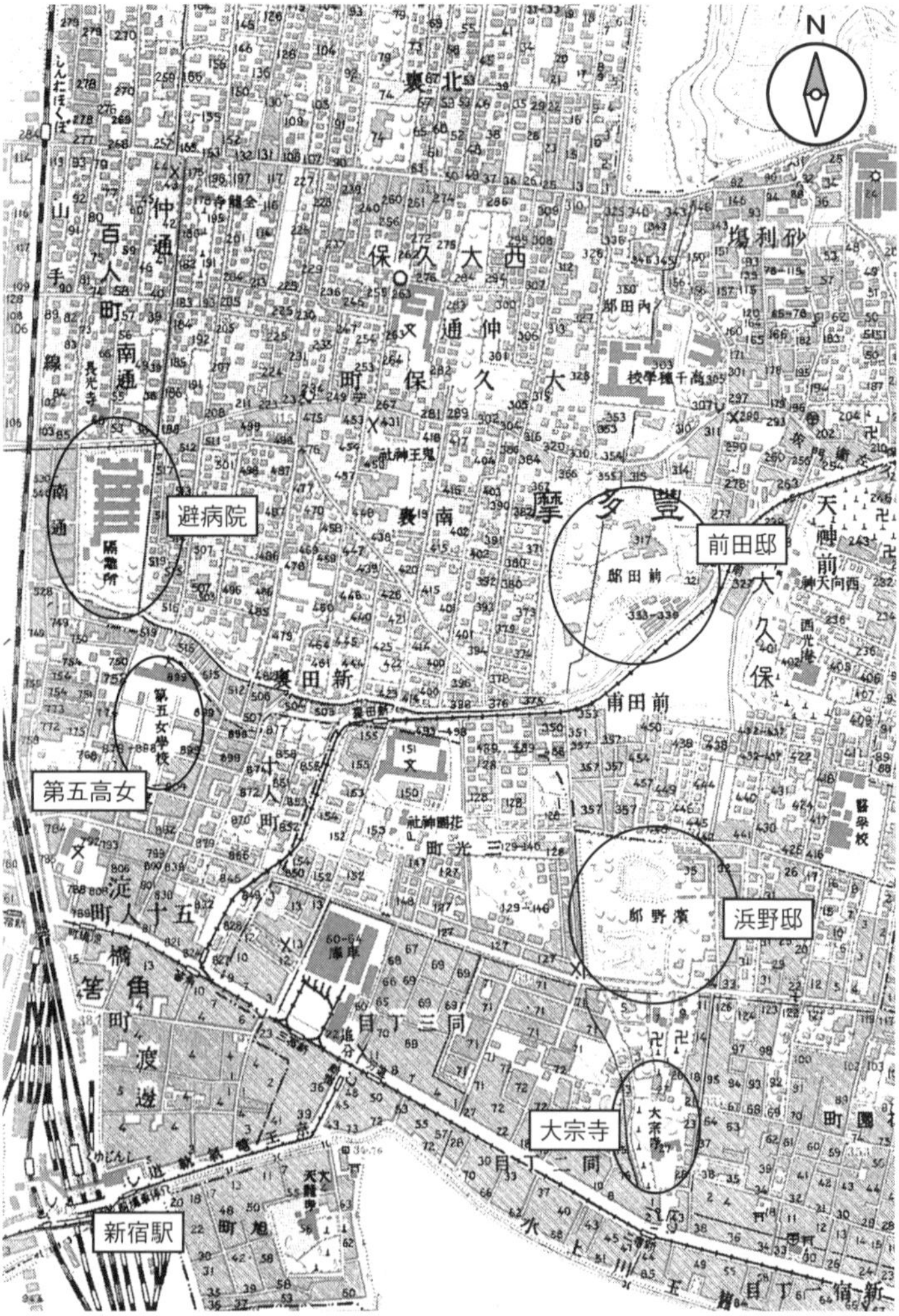

陸地測量部地形図（大正12年／『地図で見る新宿区の移り変わり　淀橋・大久保編』より転載、編集部により追記）

［現・歌舞伎町一丁目］歌舞伎町の礎を築いた実業家・峯島喜代

■大正評判女番附トップに君臨

大正時代になると、「大村の森」と呼ばれていた現・歌舞伎町一丁目一帯は、「尾張《おわり》屋《や》」という会社に購入され、さらなる変化を遂げていく。この尾張屋、戦前戦後にかけて、歌舞伎町の基礎をつくった会社といっても過言ではない。そのキーマンといえる、尾張屋五代目当主・峯島《みねしま》喜代《きよ》の軌跡をまずはたどってみたい。

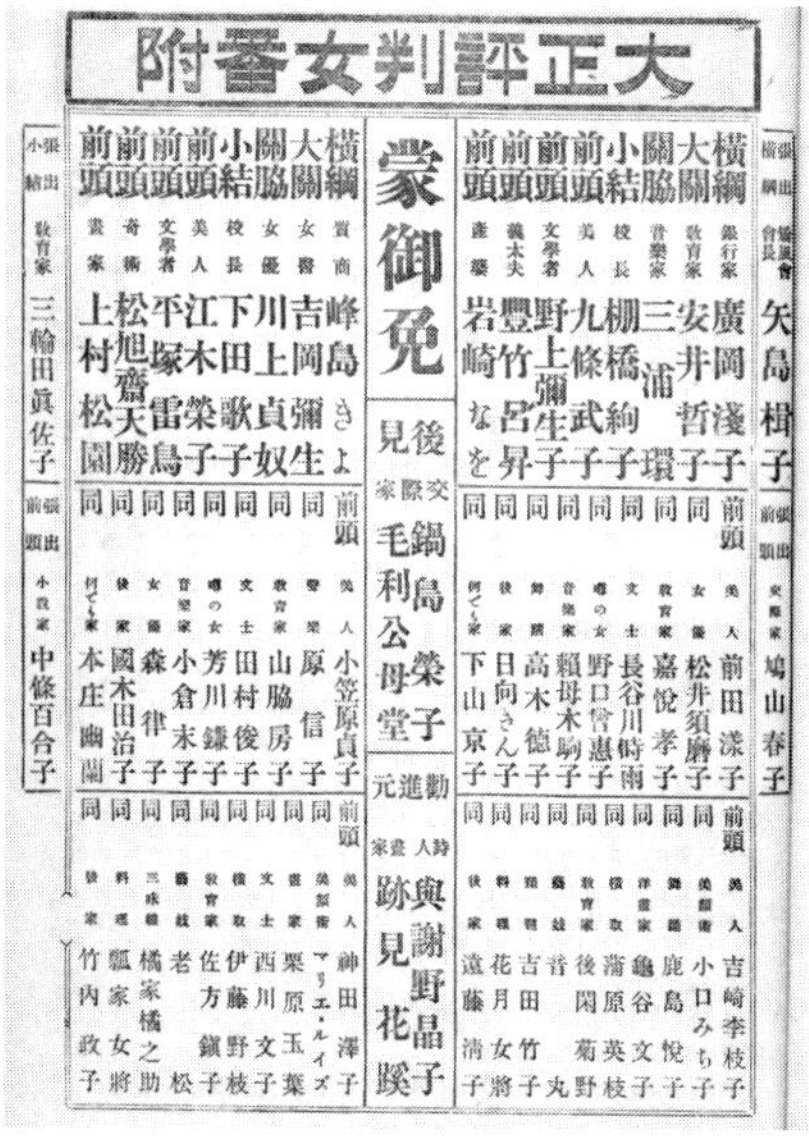
大正評判女番附

御免　蒙

横綱　銀行家　廣岡淺子
大關　教育家　安井哲子
關脇　音樂家　三浦環
小結　校長　棚橋絢子
前頭　美人　九條武子
前頭　文學者　野上彌生子
前頭　義太夫　豐竹呂昇
前頭　畫家　岩崎なを

橫綱　賈商　峰島きよ
大關　女將　吉岡彌生
關脇　女優　川上貞奴
小結　校長　下田歌子
前頭　美人　江木榮子
前頭　文學者　平塚雷鳥
前頭　奇術　松旭齋天勝
前頭　畫家　上村松園

張出橫綱　婦人會會長　矢島楫子
張出小結　教育家　三輪田眞佐子

後見　交際家　鍋島榮子
後見　交際家　毛利公母堂

前頭　美人　前田漾子
同　女優　松井須磨子
同　教育家　嘉悦孝子
同　文士　長谷川時雨
同　噂の女　野口曾恵子
同　音樂家　頼母木駒子
同　高木德子
同　日向きん子
同　何でも家　下山京子

前頭　美人　小笠原貞子
同　原信子
同　教育家　山脇房子
同　文士　田村俊子
同　噂の女　芳川鎌子
同　音樂家　小倉末子
同　女優　森律子
同　俊家　國木田治子
同　何でも家　本庄幽蘭

張出前頭　交際家　鳩山春子
張出前頭　小説家　中條百合子

勸進元　詩人　與謝野晶子
勸進元　畫家　跡見花蹊

前頭　美人　吉崎李枝子
同　小口みち子
同　鹿島悦子
同　龜谷文子
同　蒲原英枝
同　後閑菊野
同　音羽丸
同　吉田竹子
同　花月女將
同　遠藤清子

前頭　美人　紳田澤子
同　マリエ・ルイズ
同　栗原玉葉
同　西川文子
同　伊藤野枝
同　佐方鎭子
同　老松
同　橘家橘之助
同　瓢家女將
同　竹内政子

「大正評判女番附」（東京番附調査会編『今古大番附：七十余類』より／国立国会図書館デジタルコレクション）

「大正評判女番附」という、当

時の有名女性の番付（ランキング）がある。とても面白い番付で見ていて飽きないが、そのトップ、東の横綱に位置しているのが峯島喜代である（番付上は「峰島きよ」）。番付は通常、左側が「東」で、右側が「西」を表す）。西の横綱はＮＨＫ朝の連続テレビ小説「あさが来た」の主人公のモデルにもなった、広岡浅子（番付上は廣岡淺子）。浅子は三井家の一族に生まれ、加島銀行や大同生命の創設に関わった女性実業家だ。日本女子大学の創設にも尽力している。東の大関には、日本女医界の先達で、東京女子医科大学の創設者である吉岡彌生。西の大関には、ケンブリッジ大学やオックスフォード大学で教育学などを学び、新渡戸稲造とともに東京女子大学を創設した安井てつ（番付上は安井哲子）と、そうそうたるメンバーが連なる中で、峯島喜代がトップとなっている。

峯島喜代（提供・尾張屋土地㈱）

　この番付では、中央の「蒙御免《ごめんこうむる》」の下にある後見人で、大名だった毛利家や鍋島家の女性の肩書が「交際家」だったり、西の前頭筆頭で、歌人の九条武子《くじょうたけこ》（番付上は九條武子）の肩書が「美人」であるなどツッコミどころも多くあるが、とても楽しい番付である。

この番付はもちろん公式なものではないが、峯島喜代の活躍が多くの人に知られ評判になっていたことがわかる。とはいえ、前述の女性実業家たちに比べて喜代の知名度は高くない。この女性、いかなる人物だったのだろうか――。

今回、峯島家九代目当主で、尾張屋土地㈱四代目社長の峯島茂之《しげゆき》氏にお話を伺うことができた。峯島家に伝わる話を含めて、大正時代を代表する女性の一人である峯島喜代の実像に迫りたい。

■大旦那として目を光らせる

峯島喜代は、江戸時代から続く質屋「尾張屋」を営む峯島家の三女として、天保四（一八三三）年に生まれた。姉（長女）が峯島家の四代目（峯島茂兵衛《もへえ》）を婿に迎えたが、その姉が若くして亡くなったことから、嘉永二（一八四九）年、喜代が四代目の再婚相手となる。ところが明治九（一八七六）年、四代目である夫が逝去したため、当時は非常に珍しかったが、女性である喜代が峯島家五代目を継承した。明治十六（一八八三）年には、養子（子を幼くして亡くし、その後も子宝に恵まれなかったため）に六代目峯島茂兵衛を継がせたため、わずか七年の当主であったが、それ以降も自分のことを「大旦那」と呼ばせ、大正七（一九一八）年、八十六歳で亡くなるまで家業に努めた。

わたしは当初、喜代は四代目である夫の遺産で社会貢献活動をしたのではないかと考えていたが、実際はまったく違っていた。取材や文献を通して、自らの才覚で事業を拡大していったことがわかった。

仕事についてはとても厳しく、小僧を連れて朝早く市電で三〇軒以上あった傘下の質屋を訪れ、開店準備の遅い店があると強く叱ったと伝わっている。とても背の高い専之助という小僧を連れているときに、外に出ていた目ざとい店員が見つけて、主人に「向うから専さんが大旦那様のお供をして参りました」と告げた。今起きたばかりの家中は、それは大変、火事場のような騒ぎで、掃除をしてお湯の準備をして、大旦那が到着したときには、店は整然として熱いお茶が出せた。大旦那の喜代は「お前の処は早いのう、早いのう」と喜んだという。誉められた店主たちは何だかとても恥ずかしかったという記録が残っている。

その反面、とても世話好きで社員の仲人を積極的に務めていて、それが唯一の道楽といえるようだった。社員の家族の歳を覚えていて、あそこの息子と、こちらの娘というように、取り合わせて結婚させていた。不思議に喜代の世話した夫婦は円満に納まっているといわれていた。

喜代は公債に投資して大きな利益を得たのだが、株と相場は大嫌いだった。少し意外な気もするが、堅実な商売を好んだのだろう。

また、渋沢栄一や大倉喜八郎など財界人との交流もあり、渋沢のことを「お前さん」と呼んでいた。渋沢が、自分のことを「お前さん」と呼ぶのは峯島喜代だけだ、と述べたと伝わっている。渋沢は喜代の亡くなった後につくられた銅像に、「峯島喜代子像」と揮毫している。

▒尾張屋は「質屋の質屋」

喜代が大旦那として事業を拡大した尾張屋の歴史を繙《ひもと》いてみたい。

尾張屋は、宝暦十三（一七六三）年、初代峯島茂兵衛が「尾張屋」の屋号をもって、江戸で質屋として開業した。三代目峯島茂兵衛は質屋の基盤を固めつつ、古着屋も開業して尾張屋の基礎を固めた。

先述の四代目茂兵衛は現在の横須賀市久里浜の出身で、尾張屋で丁稚《でっち》奉公していたが、三代目に才能を見出され養子として峯島家に入った。

四代目は現在も尾張屋土地㈱の本社がある現・日本橋大伝馬町の土地を取得している。ここを起点として質屋の出店をつくり、尾張屋の名を広げた。傘下の尾張屋が質屋業務を行い、尾張屋本店は次第に同業質屋（下質という）に貸し付けを行う親質となっていく。親質は下質が一般客に対して貸し付けた額の七割から八割で融資し、担保は一般客から預かった質物だった。

尾張屋本店で勤務し、独立を目指した店員には資金を援助して、屋号を「尾張屋」とした下質業者として出店させた。あまりにも尾張屋の名が多くなりすぎたので、目立つことをさけて「相模屋」を名乗らせる場合もあったという。

■西南戦争で公債を買い上げる

明治時代に尾張屋は躍進するが、そのきっかけとなったのは秩禄《ちつろく》公債である。明治になって武士は士族となったが、幕府や藩からの石高に応じた給料、秩禄については引き続き支払われ、それが国家財政の四割を占めるような状況だった。政府としては早急な対策が必要であり、秩禄を自主的に返納したものに与えたのが、明治六（一八七三）年に発行した秩禄公債である。禄高の種類に応じて数年分を公債という形で支給し、七年後に全額償還するまでは利子を支払うというものだった。秩禄は、明治九（一八七六）年には、三十年以内に元金を償還する金禄《きんろく》公債へ強制的に切り替えられた。ところが、下級武士は生活が苦しく、収入を得るために売却するものが多かった。尾張屋では、売りに出された公債を買い上げていた。

明治十（一八七七）年の西南戦争時には秩禄公債の相場が暴落し、尾張屋は暴落した公債を大量に買い上げることで利益を上げた。この買い上げは、四代目死去の翌年のことであり、五代目喜代の大きな功績である。

■不動産開発に乗り出す

尾張屋の不動産開発は明治十九（一八八六）年からである。買い上げていた公債の値上がりを見逃さずに売却し、それを購入資金として、三代将軍徳川家光の乳母・春日局《かすがのつぼね》の家である稲葉家屋敷六〇〇〇坪（神田小川町）を買い上げた。不動産投資を主導したのは喜代だった。買収した土地を、借地人に賃貸して運用。大正時代に入ると、現在の文京区千石、杉並区の堀之内や横浜の鶴見などで、買収した土地を宅地として分譲した。現在の西東京市にも一五万坪の農地を所有している。その後、西武鉄道に線路用地として売却したりしているので、西武グループ創業者の堤康次郎とも何らかの関係があったのではないかと推測する。不動産事業により、尾張屋は東京市内で一、二を争う大地主となっていった。

▩尾張屋銀行の設立

明治三十三（一九〇〇）年に、傘下の質屋に金融を行っていた部門を独立させ、尾張屋銀行を創設した。こちらは六代目の采配だといわれる。支店数は最大七店舗で、配当も年一割を続けていた。しかし昭和二（一九二七）年に昭和恐慌の影響を受け、新銀行の昭和銀行に吸収合併される形で、その歴史に幕を閉じた。当時は中小銀行が取り付け騒ぎを起こし、倒産する例が多かったが、尾張屋銀行は引き出しにはすべて応じ、廃業となったが尾張屋グループの信用はさらに上がったという。明治四十四（一九一一）年には、不動産を管理・運用する尾張屋信託㈱（大正十一年に現社名の尾張屋土地㈱に商号変更／初代社長は六代目当主峯島茂兵衛）が開業した。

歌舞伎町弁財天。「東京府立第五高等女学校発祥の地」記念碑もある

■歌舞伎町の土地を購入。弁財天を請来

現・歌舞伎町一丁目の大村伯爵の土地を購入したのは明治四十四（一九一一）年。大正初期にかけて大村邸の森を伐採し、池を埋め立てて宅地化（貸地）したが、非常に難工事だったと伝わる。「大村の森」が埋め立てられた後は、「尾張屋の原」と呼ばれるようになる。

池の埋め立ての際に、淀橋浄水場建設時の残土が使われたという話が伝わるが、九代目の現当主、峯島茂之氏にも確認したところ、これは誤りである。淀橋浄水場の通水は明治三十一（一八九八）年で、工事で出た残土をどこかに十年以上保管していたことになり、不合理だ。

淀橋浄水場の残土でつくられたことがわかっているのは、現在、新宿中央公園にある六角堂である。ここはかつて淀橋浄水場の敷地内で、見学者に浄水場の全体を見せるための築山《つきやま》だった。戸山公園内箱根山をわずかに上回り、現在の新宿区内で一番標高の高い場所となっている。

現・歌舞伎町一丁目にある歌舞伎町弁財天（前頁）は、大村邸の池に祀られていたものを、その埋め立て工事の際に移したとされる。工事中にたくさんのヘビが出てきたのだが、工事の邪魔になるため埋め立ててしまったところ、工事請負人の夢枕にヘビがでてきた。喜代はヘビ年生まれだったため、このとき、上野不忍池《しのばずのいけ》の弁天様を分社として勧請したという。この埋め立て工事を経て、歌舞伎町は住宅地として発展していく。

■東京府立第五高等女学校設立への寄付

喜代は社会貢献への意識も高く、明治四十三（一九一〇）年の関東大水害のときなど、多額の寄付を行ったりしてきた。晩年の大正七（一九一八）年になると自らの寿命を悟ったのか、五〇万円という、現在の価値に換算すると一〇億円という金額を東京府に寄付した。「女子教育のための学校設立に使ってほしい」という条件であり、東京府

東京府立第五高等女学校（提供・東京都立富士高校若竹会）

では寄付を受けて、東京府立第五高等女学校の創設が決定された。喜代は大正七年十二月に亡くなるが、その遺志を受けて大正九（一九二〇）年に、東京府立第五高等女学校が現・歌舞伎町一丁目に開校する。その敷地三四〇〇坪は、尾張屋が東京府に無償で貸与したのだ。

一つ疑問だったことがある。明治四十四（一九一一）年に現・歌舞伎町の土地を購入してから大正七年まで、七年もの間、歌舞伎町一丁目の中心地で、旧東京府立第五高等女学校があった現・東宝ビルの場所がなぜ空地となっていたのか。九代目に伺ったところ、「まさに大村邸の池があった場所だからです。池を埋め立てて地盤を安定させるのに時間が必要だったため、他の場所は住宅地として貸地した後も、ここだけ残されていたのでは」とのことだった。結果的に現・東宝ビルから歌舞伎町弁財天のあたりにかけて、女学校が建設されることになる。

府立第五高等女学校は、昭和二十(一九四五)年の空襲で全焼し、現・歌舞伎町一丁目に戻ることなく中野区に移転。現在は都立富士高等学校・附属中学校となっている。移転先の土地はもともと、府立第五高等女学校の農園だったのだが、隣には尾張屋の土地があったそうだ。戦後、新宿駅前の繁華街の復興にあたって、女学校が存在するのは適当ではないとの判断から、移転先の選定にも尾張屋が関わっていた可能性があるのではないか。戦後の歌舞伎町と尾張屋の関わりについては、第五章で述べたい。

実は喜代の寄付でできた学校は、もう一校ある。大正九(一九二〇)年四月に開校した東京府立化学工業高校である。現在の江東区千石にあった。その後、東京都立大学工学部の一部となり、廃校となっている。

峯島喜代は八十六歳で亡くなるまで実業家として活躍し、亡夫の遺産五〇万円を二〇〇〇万円にまで築き上げ、最後は教育を充実させるために学校を寄付するという大きな社会貢献を行っている。まさに、大正時代を代表する女性だった。

孫文の結婚式と、大スポンサー梅屋庄吉

▩写真館や、映画会社で成功を収めた梅屋庄吉

現・歌舞伎町二丁目に関しては、この時代、広く大久保町での出来事を紹介したい。大久保町には、梅屋《うめや》庄吉《しょうきち》（次頁）という、映画会社を興して「日本映画界の風雲児」とも呼ばれた経済人の屋敷があった（現・新宿区百人町二－二三）。梅屋は、辛亥《しんがい》革命を起こした孫文《そんぶん》を、一生を通して支えた人物として知られる。孫文は台湾では国父と呼ばれ、中国でも近代革命先行者として高く評価されている。

梅屋は明治元年に長崎で生まれた。十四歳で上海に渡り、西洋人が中国人を邪険に扱うことに義憤を覚えたという。十八歳のときにアメリカに渡ろうとするも失敗。その後、シンガポールで写真術を覚えて、のちに香港に行き、写真館「梅屋照相館」を開いて成功を収める。

梅屋はそこで孫文と運命的に出会う。そのとき梅屋二十七歳、孫文二十九歳だった。

梅屋夫妻と、孫文（中央）。孫文が日本に亡命していたときの写真（大正３年／所蔵・小坂文乃）

二十代の二人は意気投合し、梅屋は孫文の革命にかける情熱を知り「君は兵を挙げたまえ。我は財を挙げて支援す」と盟約を結ぶ。二人の終生に渡る友情は絶えることがなかった。梅屋は日本に帰国後、日活の前身のひとつである映画会社「Ｍパテー商会」を興し、大久保の原っぱで映画を撮影していた。映画で稼いだ資金を孫文へ送り、革命を支援していたという。その総額は一兆円とも、二兆円ともいわれ、正確なところは不明だが、巨額だったことは間違いない。

どうして、そのような巨額の支援を行ったのか――。梅屋の経歴を見てもわかるように、彼には日本に小さく閉じこもるという思想がなく、同じアジア人として当然のことをしたという意識があったのだろう。

▩大久保の邸宅で開かれた、孫文夫妻の結婚式

孫文は日本に亡命中の大正四（一九一五）年に宋慶齢《そうけいれい》と結婚するが、この披露宴も大久保にあった梅屋邸で開かれたといわれている。

『革命をプロデュースした日本人』（講談社）の著者で、日比谷松本楼の四代目社長である小坂文乃《こさかあやの》氏が祖母（梅屋の娘・千世子／日比谷松本楼を営む小坂家に、千世子の娘・主和子が嫁いだ。その娘が、現社長の文乃氏にあたる）から聞かされた話では、披露宴は大正四年十一月十日に開催された。後の立憲政友会総裁で内閣総理大臣を務めた犬養毅《いぬかいつよし》や、アジア主義を掲げた玄洋社総帥の頭山満《とうやまみつる》など五〇～六〇人が参列したという。披露宴が行われた場所は自宅の二階で、三〇畳と二〇畳の座敷の襖が取り払われ、正面の二間の床の間には八曲の金屏風が輝いていたという。

宋慶齢の妹は、後に中華民国総統となる蔣介石《しょうかいせき》と結婚している。姉は中国で最も裕福とされる財閥の当主と結婚しており、「宋家の三姉妹」として、その生涯は映画にもなっている。孫文と宋慶齢との結婚で仲人的役割を果たしたのが、梅屋庄吉の妻、トクである。トクは宋慶齢が中国へ帰国したときに落ち込む孫文を見て、孫文の愛情が本物であることを見抜き、二人の結婚のお膳立てをしたと伝わる。

孫文は大正十四（一九二五年）に五十八歳で「革命未だ成らず」の言葉を残して亡くなる。梅屋は孫文の功績を後世に伝えるため巨大な銅像を作成し、南京、黄埔《こうほ》などに寄贈した。これらの銅像は第二次世界大戦や文化大革命などを乗り越え、現在も大切にされている。

宋慶鈴は後に中華人民共和国副主席を務め、昭和五十（一九七五）年、梅屋庄吉の娘・千世子に中国からの招待状を送り、三年後、千世子の訪中が実現している。宋慶鈴からの手紙には、夫婦二組の友情を消せるものはないという旨の言葉が記されていた。

遊園地や、サロンの出現——文化の香りが芽吹く

■牧場跡に移った新宿遊郭

さて、現・歌舞伎町周辺の特徴的な動きも挙げてみよう。

現・新宿二丁目にあった牧場（耕牧舎）が臭気のため移転となり、跡地は「牛やの原」と呼ばれ、子どもたちの格好の遊び場となっていた。そして大正七（一九一八）年、警視庁の命令で「牛やの原」に新宿遊郭が移ってきた。甲州街道の通り沿いに遊郭があることは相応《ふさわ》しくないという政治的判断があったのだと思われる。移転後すぐに火事にあったりしているにも関わらず、大正十一（一九二二）年には貸座敷五〇軒、娼妓五五七人で営業している。吉原の娼妓は二〇〇〇人を超えていたといわれるので、吉原の四分の一程度の規模だったのだろう。

▩動物園もあった新宿御苑

新宿御苑には明治から大正にかけて動物園もあった。いつから動物園があったのかは不明だが、ラクダや鹿、孔雀、鷹、カンガルーなどが飼育されていた。外国から皇室に贈られた動物などが飼育されていたものと考えられる。大正十五（一九二六）年に、動物や建物、什器を、当時は宮内省所管であった上野動物園に下賜して閉鎖されている。

大正六（一九一七）年には新宿御苑で観桜会が開かれ、秋の観菊会も昭和四（一九二九）年から開催されるようになる。国の重要文化財に指定されている旧洋館御休所も大正十三（一九二四）年にほぼ現在の姿となり、ゴルフやテニスのクラブハウスとして使われた。昭和二（一九二七）年には昭和天皇のご成婚記念として、台湾在住者から贈られた旧御涼亭《ごりょうてい》（台湾閣）も完成し、現在の新宿御苑の姿が出来上がっている。

戦後、新宿御苑は、皇居外苑、京都御苑ともに、皇室ゆかりの国民公園（環境省所管）として公開されている。東京を代表する庭園の一つとして、ミシュランの三ツ星を獲得。また、新海誠監督のアニメ映画『言の葉の庭』の舞台となり、聖地として雨の日に巡礼する人も多い。

新宿園（建築写真類聚刊行会編『建築写真類聚』より／大正15年／国立国会図書館デジタルコレクション）

■新宿に遊園地があった

花園神社の東側に位置する、明治時代に鴨池があった浜野邸は、西武グループの堤康次郎が率いる箱根土地㈱によって買収され、大正十三（一九二四）年から十五（一九二六）年まで「新宿園」という遊園地になっていた。「新宿遊郭の付近なので住宅地に不向の処から、浅草六区のやうな楽天地」にしようと計画された。白鳥座という劇場、孔雀座という映画館、鷗《かもめ》座という演舞場を持ち、動物園なども備えた都内の新名所という触れ込みで開園している。劇場には、水谷八重子らスターも出演。雑誌「赤い鳥」を創刊した鈴木三重吉《みえきち》も、企画などで協力しようとしていた。新宿園では自由画の展覧会を開いたりして、そこでの土産品に、雑誌「赤い鳥」が配られている。残念ながら客足が悪かったためか、開園後二年で閉演し、昭和になって住宅地として分譲された。この地域の現在の町会名は「新宿園町会」で、土地の記憶が現在に残っている。

■大正時代の文化の拠点、中村屋

明治四十二（一九〇九）年に新宿に移転してきた中村屋は大正時代、新宿を代表する文化の拠点となっていく。そこにも一人の女性の存在が知られている。相馬黒光《そうまこっこう》だ。黒光は明治九（一八七六）年に宮城県に生まれた。夫の愛蔵《あいぞう》とともに中村屋を起こした実業家であり、本名は「良《りょう》」である。十四歳でキリスト教の洗礼を受けている。明治女学校（明治時代、巖本善治のキリスト教主義にもとづき近代的な教育を施した。卒業生に羽仁もと子など）在学中には、作家・島崎藤村の授業を受けている。「黒光」の号は、恩師の明治女学校教頭から与えられたもので、良の性格の激しさを心配し、「溢れる才気を少し黒で隠しなさい」という意味でつけられたという。明治女学校卒業後、しばらくして相馬愛蔵と結婚。夫の出身地である長野県安曇野で暮らしたが、黒光には合わず、パン屋を始めるために上京する。

相馬夫妻は多くの芸術家を支援したが、最初に援助したのは、彫刻家の荻原守衛《おぎわらもりえ》、号は碌山《ろくざん》である。相馬愛蔵と同じく安曇野生まれで、アメリカやフランスに留学した。帰国後に、相馬夫妻の支援を受けながら彫刻を制作し、明治四十三（一九一〇）年に日本彫刻史上の最高傑作ともいわれる「女」を制作した。別にモデルがいたといわれるが、その彫刻には、郷里の先輩の妻でもある黒光の面影が感じられる。しかし、その年に荻原は中村屋で大量に喀血し、二日後に亡くなった。

その後、中村屋のアトリエで暮らしたのは、洋画家の中村彝《つね》である。相馬夫妻は彝と家族のように接し、彝が夫妻の長女である俊子を描いた「小女」で、文展の三等賞に入賞する。彝は俊子に恋心を抱くが、相馬夫妻に反対され、恋が実ることはなかった。その後、中村屋のアトリエを去り、大島などを経て落合にアトリエを構えた彝は、大正九（一九二〇）年に、当時中村屋で暮らしていた盲目のロシア人詩人エロシェンコと偶然出会い、彼の像を描き代表作となる。

大正四（一九一五）年に日本に入国し、インド独立の活動を行っていたラス・ビハリ・ボースに、イギリスからの要請で国外退去命令がでたときも、相馬夫妻が中村屋のアトリエで匿《かくま》っている。頭山満の依頼を受けたものだ。頭山はパンが大好きで中村屋のファンだったと伝わる。

逃亡生活は大正七（一九一八）年まで三年以上続き、そのときに連絡役を務めていたのが、相馬夫妻の長女・俊子だった。連絡係を務める間に恋愛も育んだのか、大正七年に今回は相馬夫妻も了解して結婚をしている。中村屋の代表料理であるカリーはボース直伝のものであり、当時、ほかの店のカレーが一〇銭から二〇銭程度のところ、八〇銭もしたのだが、行列が絶えなかったという。

第四章

昭和戦前
喧騒を抜ければ女学校や住宅地に

「赤い鳥」創刊号表紙（所蔵・ちひろ美術館）

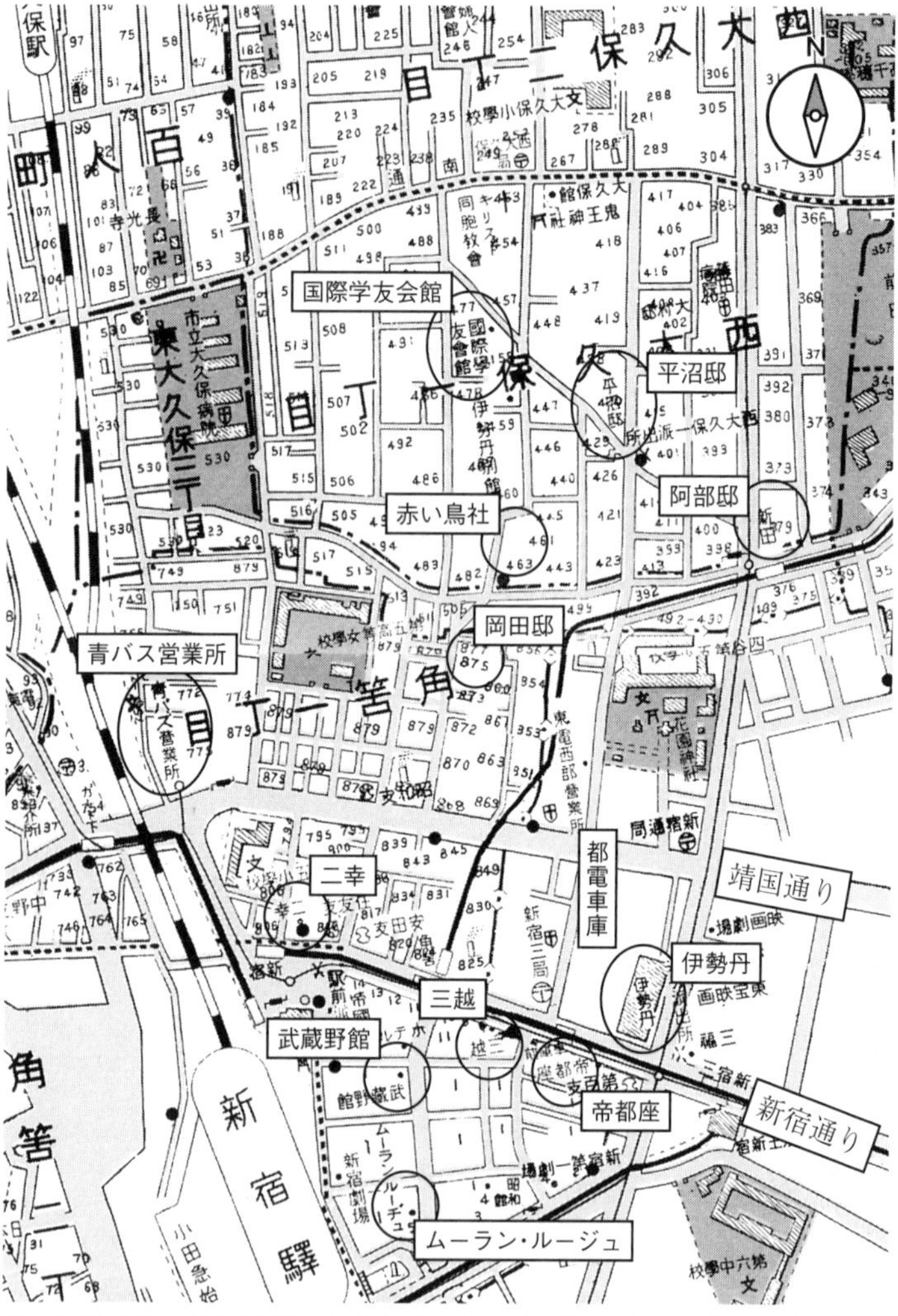

淀橋区詳細図（昭和16年／『地図で見る新宿区の移り変わり　淀橋・大久保編』より転載、編集部にて追記）

［現・歌舞伎町一丁目］女学生が通った緑白色の校舎

■東京府立第五高等女学校の日常

下町に比べて関東大震災の被害が少なかったため、家を失った人の多くが、新宿など郊外へと移転してきた。歌舞伎町も、昭和に入ると住宅地としてますます発展を遂げていく。今では想像もつかないが、女学生が集《つど》い、歴代の総理大臣などが暮らした瀟洒《しょうしゃ》なまちだった。

まずは東京府立第五高等女学校に通った村田静子氏の回想（『地図で見る新宿区の移り変わり　淀橋・大久保編』に掲載）をもとに、このまちの戦前の風景を再現してみよう。

朝、新宿駅東口広場を出ると食堂横丁（著者注　現在のＭＯＡ二番街）という細い道を急ぎ足で通る。いつもすべり込みで登校する生徒にとってはいくらか近道だったので、この道は女学生でごった返していた。歌舞伎町に入ると弁天様がある。人しれず善行がしたくて、朝早く来て境内を掃き清めたこともある。

その弁天様から少し西へ行くと、第五高女の正門が南向きにある。門衛小屋のそばには桜の木が、そして門から右手に、こげ茶色の二階建てで、強い傾斜屋根が特徴の講堂・平和館があった。左側の桜の木から西側に雨天体操場（体育館）を回ると、南向きに二階建てで中心部が三階建ての校舎がそびえる。戦時中のことで「堅忍持久」「長期建設」という二本の垂れ幕が校舎に下げられていた。校舎も平和館も横の羽目板で、校舎は緑白色、窓の外には高いポプラが何本も植わっていた。授業の始まる前には「お調《ちょう》息《そく》」をして静かに先生を待つ。目をつぶり、手を膝の上に組んで息を整えるのだ。

組は「いろはに」の四組で、毎年クラス替えがあった。髪は必ず後ろで二つに結ぶことが規則だったが、おしゃれな人は直ぐにおかっぱにできるように、申し訳程度にピンでとめていた。セーラー服の襟の線はえび茶、専攻科は白、襟に同じ大きさのピケのカバーをするのも独特だった。上衣を短くするのは禁止され、上衣とスカートの長さは一対一にするよう、ときどき寸法を測られた。

このように、緑白色の校舎と高いポプラの木が並ぶモダンな雰囲気の中、今の女子高生と変わりない生活が、昭和の歌舞伎町でも繰り広げられていた。上衣の丈を短くしたり、スカートを短くしたりする生徒もいたのだろう。そのさまが、目に浮かぶ。

そんな第五高女も空襲で焼けてしまう。第五高女同窓会の会誌「若竹」（『地図で見る新宿の移り変わり 淀橋・大久保編』に掲載）には、こう描かれている。

「二十年四月十三日、夜半一時頃、付近及び校地に焼夷弾多数落下、二幸（著者注・現在アルタビルがある場所にあった食品デパート）裏付近から火災おこり、全校舎火の粉に包まれ、手押しポンプとバケツリレーでは手の施しようがない。（中略）注水に努めたが、講堂、本館にまで延焼するに及んで止むなく、裏門から退去。（中略）四時半、学校へ引返した時は、残存する建物一つもなく、朝駆けつけた生徒の眼には、焼けた校門の柱に、何日集合と「生徒に告ぐ」の貼り紙があるばかり」（原文ママ）

第五高女の講堂は平和館と名付けられていたのに、一晩で灰燼《かいじん》に帰《き》してしまった。前の章で述べたように、第五高等女学校は歌舞伎町に再建されることはなく、現在は中野区に移り東京都立富士高等学校・附属中学校になっている。

［現・歌舞伎町二丁目］総理大臣も暮らす、高級住宅地に

総理大臣の自宅というと安倍元首相が住んだ渋谷区富ヶ谷、かなり昔になるが田中角栄が住んでいた目白、吉田茂の大磯などというイメージである。一時は世田谷区も多かったような気もする。まかり間違っても歌舞伎町という答えはでてこない。ところが、第二次世界大戦前の昭和の時代、歌舞伎町近辺に、三人の総理大臣が暮らしていた。

▒「国を思う大狸」、第三一代総理・岡田啓介

一人目は岡田啓介（次頁）である。昭和九（一九三四）年から十一（一九三六）年に第三一代総理大臣を務めた。慶応四（一八六八）年に生まれ、海軍大学校を卒業。日清戦争や日露戦争などに従軍し、日本海軍とロシアのバルチック艦隊が戦った日本海海戦にも巡洋艦「春日」副長として参加している。

海軍大将、連合艦隊司令長官や海軍大臣を務めるとともに、軍拡による英米との戦争は避けるべきという信念から、ロンドン軍縮条約の締結に尽力した。元老・西園寺公望《さいおんじきんもち》の奏請により総理大臣となる。

岡田の総理在任中に二・二六事件が起こり、公邸にいた岡田は反乱軍に襲撃される。秘書官だった義弟・松尾伝蔵が身代わりに犠牲となり、本人は女中部屋に隠れ奇跡的に難を逃れる。義弟や、盟友だった大蔵大臣・高橋是清《これきよ》が襲撃で亡くなった心労で、三月九日には総辞職する。この事件を一つの契機に、日本は戦争への道を進むことになっていく。

岡田啓介（国立国会図書館デジタルコレクション）

二・二六事件当日の新宿の様子を、当時四谷第五小学校に通っていた作家の野村敏雄は次のように描写する。

「大雪で臨時休校になった二・二六事件当日の印象は忘れられない。一切の交通が途絶えて人っ子一人の影もない盛り場は、無人の電車やバスが路面に放置され、ときおり電線の雪がバサッと地上に落ちるほか、すべての物音が死に絶えて、やがて迫る夕暮れの中で、わが町は鬼でも出そうな気配であった」(「東京人」平成七年六月号)

総理辞任後の岡田は、和平派の重臣として東条英機首相を退陣に追い込むなど、戦争終結へ向けた努力を重ねた。終戦時の鈴木貫太郎内閣には女婿の迫水久常《さこみずひさつね》を内閣書記官長に推薦し和平に全力を尽くしている。

岡田の私生活は総理大臣を務めたにもかかわらずとても質素だったといわれている。酒は非常に好きだったが、ありがちな豪快なエピソードはない。ねばり腰でしたたかであり、「狸《たぬき》」というあだ名をつけられたが、第二次世界大戦後に総理大臣を務めた吉田茂は岡田のことを「国を思う大狸」と評している。

岡田啓介の自宅が、戦後の章で詳しく述べる角筈一丁目北町会長の鈴木喜兵衛の著書『歌舞伎町』の中に登場する。鈴木が、終戦後の焼け跡になった歌舞伎町にたたずんでいる場面だ。

「末世に取残された幽鬼の様に殺伐な廃墟の中でポツンと一戸　其の中から煙が一筋揺いで見える　岡田大将の土蔵の様だ」（原文ママ）

鈴木はそこを訪れ隣組の町会長と再会し、町会員の連絡先を確認することができたという。岡田の自宅は淀橋区角筈一丁目八七五（現・歌舞伎町一丁目）となっていて、新宿区役所の北側で風林会館の手前あたりだと思われる。

■秋霜烈日な人、第三五代総理・平沼騏一郎

二人目は平沼騏一郎（次頁）である。昭和十四（一九三九）年一月から八月まで第三五代総理大臣を務めた。平沼は慶応三（一八六七）年に生まれ、明治二十一（一八八八）年に帝国大学法科大学（現・東京大学法学部）を首席で卒業。司法省に入省し、検事として大逆事件の幸徳秋水《こうとくしゅうすい》などに死刑を求刑した。その後、検事総長などを務め、シーメンス事件などの汚職捜査に辣腕《らつわん》を振るっている。大正十二（一九二三）年には司法大臣を務めた。

平沼は法律家であるが、日本古来の道徳を重視し、外来思想を嫌った。大正十三（一

九二四）年には右翼団体の国本社を創立している。平沼は元老の西園寺公望からは「迷信家」として嫌われ長く総理大臣に就くことができなかったが、西園寺が第一線を退いたことで、ようやく総理大臣に就任することができた。

総理に就任後は、五月のノモンハン事件、六月の天津事件、七月の日米通商条約の破棄などの緊迫する国際情勢に対応することができず、八月二十三日に独ソが不可侵条約を締結するに及んで「欧州の天地は複雑怪奇なる新情勢を生じた」として八月二十八日に総辞職した。

平沼騏一郎（国立国会図書館デジタルコレクション）

終戦時は枢密院議長を務め、ポツダム宣言の受諾に賛成しているが、複雑な動きをしており、昭和天皇からは「結局二股かけた人物と云ふべきである」（『昭和天皇独白録』文春文庫）と評されている。昭和二十（一九四五）年八月十五日早朝には、徹底抗戦を唱える佐々木武雄大尉率いる国民神風隊により、歌舞伎町にあった平沼邸が放火された。戦後はA級戦犯として終身禁錮の判決を受けたが、昭和二十七（一九五二）年、病気で仮釈放となり没している。

平沼が笑うとニュースになるといわれ、検事のバッジである秋霜烈日《しゅうそうれつじつ》を絵にかいたような人物だった。平沼の自宅は淀橋区西大久保一丁目四二九の一（現・歌舞伎町二丁目）で、当時の地図にも平沼邸と表示され、現在は新宿グランベルホテルというシティホテルがある。戦前の西大久保に生まれ育った作家の加賀乙彦は、著書『永遠の都』（新潮社）で平沼邸について、異様に高い黒塗りの板塀で人を寄せ付けず、巨大な猛犬で護られていたということを書いている。

■戦わない将軍、第三六代総理・阿部信行

三人目は阿部信行（次頁）である。昭和十四（一九三九）年から十五（一九四〇）年にかけて第三六代内閣総理大臣を務めた。阿部は明治八（一八七五）年に生まれ、陸軍大学校を卒業して軍人となっている。実戦経験はほとんどなく陸軍大将となり、戦わない将軍と呼ばれた。二・二六事件後に退役し、東亜同文会の理事長を務めていた。阿部は「政治は嫌だ」と言っていたが、平沼内閣の突然の退陣で後継に苦慮していた中で陸軍

の派閥に属さず政治的に無色ということで、阿部に組閣の大命が降りてきた。

阿部内閣発足の二日後、昭和十四（一九三九）年九月一日にドイツがポーランドに侵攻し、第二次世界大戦が勃発した。日中戦争の処理を優先に考えた阿部は、九月四日に「帝国は之に介入せず」という声明を発表する。ところが、日中戦争の処理も進まず、物価高を抑制するため、十月十八日に、前月九月十八日の価格を超えた値上げを禁止する「価格等統制令」を公布するも、米不足に陥り米の出回り促進のため十一月六日に米価を引き上げた。にもかかわらず、更なる値上げを見込んで米は市中に出回らず、ほかの物資も不足するに至った。国民の不満も高まり、翌年一月十四日に内閣誕生から四カ月強で総辞職となった。

阿部信行（国立国会図書館デジタルコレクション）

総理退任後の阿部は朝鮮総督を務め、終戦を迎えている。

阿部の自宅は淀橋区西大久保一丁目三六一となっていて、明治通りの北側で現在は新宿六丁目となった、日清食品東京本社のあたりだと推測される。

▒東南アジアの留学生を支援した、国際学友会館

国際学友会館は現・歌舞伎町二丁目の東横インのあたりにあった。阿部洋の論述『「国際学友会」東南アジア関係文書について』（『アジア教育』第十三巻）を基に、紹介したい。国際学友会館は昭和十一（一九三六）年二月に開館。東南アジア出身者に対する留学生支援施設がほとんどなかったために設立されたという。在籍者（昭和十一年五月）は五ヵ国二七名で、タイ人が一五名と多い。学歴は中等学校卒業程度で、すでに早稲田大学理工学部、東京商大、東京歯科医専などに通学している者もあるとしている。

日本語の授業では、教授二名で『小学国語読本』を使って基礎的な授業を行っている。授業時間は午前中の二時間だが、昼夜ともに教職員が空いている時間に個人的授業を行うなど、手厚い体制がとられている。そのためか、学生の日本語の上達には顕著なものがあるとされている。英語での授業も行われているが、有料となっている。

学生の気質や態度は温順で、日本人学生との交流を喜び、留学生としての責務を自覚し勉強に励んでいる。しかし「遺憾ながら時間に関する観念に乏しい者が多い」との指

摘がされていて、なんだかおかしい。現・歌舞伎町二丁目に留学生支援施設があったことも、現在のまちの国際化を予見するようだ。

■鈴木三重吉と、赤い鳥社

日本の児童文学の創始者ともいうべき鈴木三重吉は、西大久保、現在の歌舞伎町二丁目（現・歌舞伎町二―二三―一二チェックメイトビルのあたり）で昭和四（一九二九）年から十一（一九三六）年に亡くなるまでの七年間を暮らし、ここで雑誌「赤い鳥」を編集、出版している。

「赤い鳥」創刊号表紙（「お馬の飾り」清水良雄画／大正７年／所蔵・ちひろ美術館）

鈴木三重吉は、明治十五（一八八二）年に広島市で生まれた。明治三十七（一九〇四）年に東京帝国大学英文科に入学し、夏目漱石の講義を受け感動している。翌年、三重吉は神経衰弱で一年間休学し、広島で療養中に漱石から励ましの手紙をもらう。

三重吉は手紙に思いを得て、原稿を書き漱石に送った。原稿を読んだ漱石は「僕名作を得たり」と、鈴木の処女作「千鳥」を、俳句雑誌「ホトトギス」に推薦文とともに掲載。三重吉は文学者の道を歩み始める。

その後も小説を書き続けながら、三重吉は日本の教訓的なおとぎ話や唱歌に不満を持ち「子供の純性を保全開発するため」（「赤い鳥」創刊号標榜語《モットー》）に、大正七（一九一八）年に雑誌「赤い鳥」を創刊した。芥川龍之介や泉鏡花、北原白秋、島崎藤村ら多くの文学者が賛同している。清水良雄が描いた表紙絵も評判を呼んだ。「赤い鳥」には童話作家の小川未明《みめい》や新美南吉《にいみなんきち》、作家の林芙美子も寄稿している。今も教科書に載っている新美南吉の「ごん狐」は「赤い鳥」に掲載され、日本人に最も親しまれている児童文学作品となった。

「赤い鳥」は三重吉が亡くなる昭和十一（一九三六）年まで刊行された。三重吉自身が作品を書くとともに、外国作品の翻訳や再話、綴り方教室といった教育活動など、三重吉と「赤い鳥」の活動は、日本の児童文学に非常に大きな影響を与えた。

サラリーマンやモダンガールが行き交う繁華街

▒駅、市電、青バス、大通りなど、主要インフラが整う

大正時代の終わりから昭和のはじめに整備された、まちを支える公共交通や道路などのインフラについても綴っておきたい。

新宿駅は、大正十四（一九二五）年、鉄筋コンクリート造りの三代目駅舎（次頁）が東口にできあがる。新聞（『新宿区史』に掲載）には「明るく白いタイル張りの新宿駅の地下道は、機械文明の明るい人間の氾濫だ」と描写される。目が痛くなりそうだが、きっと誉め言葉なのだろう。駅を行くのは「カバンを持ったサラリーマン」や「洋装のモダンガール」で、「肩で風を切って、この群衆の中を栗鼠《りす》の如く泳」いでいるのだ。

中央線は四分おき、山手線は六分おきに電車が来る。加えて大正四（一九一五）年に京王線（当時は追分始発で甲州街道を走る路面電車）、昭和二（一九二七）年に小田急線が開通して、大正十四年には乗降客数が東京駅に次ぐ二位、昭和四（一九二九）年には乗

3代目の新宿駅駅舎（昭和37年ごろ撮影／所蔵・新宿歴史博物館）

降客が東京駅を超えて日本一となった。
市電、のちの都電である路面電車も、現・歌舞伎町一丁目の「四季の路」を通る路線（十三系統）、新宿通りを通る路線（十一・十二系統）と何系統も通っていた。
そして、新宿駅前では、車体が深緑色だったため「青バス」とよばれた東京乗合自動車と、東京市バスが乗客の争奪戦を繰り広げていた。
「ラッシュアワーの中を縫って、急カーブ切る乗合自動車の窓から健康な女車掌の手が直角にさしのべられる。優しい声、敏捷な新しい職業婦人の活動によって群衆は運ばれる」(「東京日日新聞」昭和五年六月二日/『新宿区史』に掲載)。

青バスは女性車掌の制服の襟が白く「白襟嬢」、対する市バスは「赤襟嬢」と呼ばれ、人気を競っていた。そんな青バスの車庫は、現・歌舞伎町一丁目の、日本種苗の跡地にできていた。戦時統制の一環で、東京乗合自動車は東京地下鉄道に吸収され、その後、東京市営バスに統合された。昭和十八(一九四三)年には東京都政の施行に伴い都バスとなり、歌舞伎町の車庫も都バスの車庫となった。

昭和三、四年ごろの地図を見ると、靖国通りと明治通りが完成していない。靖国通りは関東大震災の帝都復興事業の一環として整備され、当初は大正通りと呼ばれていた。昭和三(一九二八)年に完成の予定だったが、実際に新宿の部分が完成したのは昭和七(一九三二)年、大ガードが拡幅整備されたのは昭和十一(一九三六)年だった。明治通りも昭和七年に整備され、現在の歌舞伎町を囲う道路が完成している。

■淀橋区が成立。「大東京」の傘下に

昭和七年十月一日に淀橋町、大久保町、戸塚町、落合町の四町が合併して東京市淀橋

区が成立した。それまで、歌舞伎町が属していた淀橋町や大久保町は、東京市ではなかった（通称で東京市外と記された）。四谷区や牛込区のエリアはそれまでも東京市だったが、現在都庁がある西新宿も含めた淀橋区のエリアは、東京の範囲外だったのだ（戦後、淀橋区、牛込区、四谷区が合併して新宿区になる）。淀橋区などが成立し、東京は拡大し、いわゆる「大東京」ができあがる。この日、十月一日は、今でも都民の日とされている。それに伴い、現・歌舞伎町一丁目にあたる十人町や矢場は、**角筈一丁目**に統合される。現・歌舞伎町二丁目にあたる、南裏が**西大久保一丁目**に、角筈裏と新田裏は、**東大久保三丁目**になる（四一頁参照）。

前述の通り、東京都が成立したのは昭和十八年である。戦時体制下で東京市と東京府の権限争いの末に東京市が解体され、各区と東京府が残され東京都となった。現在でも、小さな国家にも相当する権限と予算を持つ巨大自治体、東京都と特別区（二十三区）の間で、権限や予算をめぐった争いが続いている。

■デパート、書店……新宿駅東口が、繁華街になっていく

元々新宿という地名は内藤新宿に由来し、四谷区に属する地名だった。新宿駅も前述

のように、明治・大正時代の地名は渡邉土手際といった。その東側は五十人町で、さらに東に進んで現・伊勢丹のあたりでようやく、新宿という地名になる。昭和七（一九三二）年に淀橋区が成立すると、新宿駅とその周辺は、現・歌舞伎町一丁目と同じ、淀橋区角筈一丁目となった。

繁華街としてまちが大きく発展するのは、新宿駅の三代目駅舎ができてからである。昭和二（一九二七）年の紀伊國屋書店と昭和八（一九三三）年の伊勢丹の開業が大きなトピックである。この二店については個別に取り上げたい。なお、タカノは大正十五（一九二六）年に洋風に改装してフルーツパーラーを開店している。現在はフルーツパーラーに男性だけで入るのはとても難しく感じるが、当時の写真を見るとお客は男性同士が多く、たまに男女のカップルを見かける。女性同士で午後、お茶をして過ごす光景は、昭和初期では珍しかったのかもしれない。

昭和五（一九三〇）年には現在ビックカメラ新宿東口店となっている場所に、現・アルタビルがある場所から三越が移転して開業。外壁をパネルで覆われてしまったが、建物は当時のままで、実は階段など随所に大理石が使われており、今もサンゴやアンモナイトなどの化石を見ることができる。三越移転後、現・アルタビルの場所にできたのは、「海の幸、山の幸、二つの幸の食品デパート」というキャッチコピーを冠した「二幸」（昭和元年創業）だった。わたしが子どもの頃にはまだあって、量り売りのお菓子がとてもきれいで見とれていたのを思い出す。伊勢丹の向かいには昭和六（一九三一）年に映画館の帝都座やカステラの文明堂、筋向いには洋菓子の不二家ができて、繁華街新宿の姿が形成されていった。

■文化の殿堂、紀伊國屋書店

紀伊國屋書店と、その創業者である田辺茂一《もいち》は新宿を語るうえで欠くことができない。田辺は明治三十八（一九〇五）年に新宿の薪炭問屋紀伊國屋の長男として生まれる。子どもの頃に、日本橋丸善で見た本が並ぶ姿に感動し、自分も絶対本屋をやりたいという夢を抱く。親の家業を継いでほしいという願いには従わず、昭和二年、親の土地だった現在の場所に、自分で設計した二階建ての紀伊國屋書店を開業する。開店前に、現在も銀座に本部が残る近藤書店に修業に行くのだが、半日で「十分」と修業を終わりにしている。

親が資産家でぼんぼんだったことはまちがいないが、自分で書店を経営することはなかなかできない。好きなことは好き、いやなことはいやの精神は、亡くなるまで変わらなかった。書店の二階は画廊になっていて、洋画家・佐伯祐三の初めての個展もここで開かれている。当時は日本橋の丸善や銀座の資生堂にしか画廊がない時代、田辺の文化にかける強い意志を感じる。

当時の書店の利益は雑誌が多くを占めていたのだが、近くに既存の書店があると置いてもらえなかった。そこで文芸誌、文学書や学術書などを中心にして他店との差別化を図っている。書店員は田辺を含めて五人、遊び仲間だった新聞社社員が仕事帰りにレジ打ちを手伝うなど、牧歌的な雰囲気が漂う店だったようだ。画廊を通じて東郷青児《とうごうせいじ》などの画家とも親しくなり、赤字続きのため二年で休刊となるが、「アルト」という美術評論雑誌を昭和三（一九二八）年に創刊している。昭和八（一九三三）年には文芸雑誌「行動」を創刊。行動主義ブームを引き起こす。作家・太宰治は「晩年」の原稿を「行動」に載せたくて、新宿の周りをうろうろしていたという。ほかにも「文藝都市」「風景」など、同世代の作家や画家たちと多くの文芸誌を創った。

昭和五（一九三〇）年に新築された店舗は昭和二十（一九四五）年の空襲で焼失するが、昭和二十二（一九四七）年には前川國男の設計による三代目店舗が完成する。「新

昭和22年築の３代目店舗・紀伊國屋書店。前川國男設計（提供・紀伊國屋書店）

宿新報」（昭和二十四年九月十七日号）という当時の新宿区の広報紙では、紀伊國屋書店を次のように描写している。

「本屋さんとは思えないモダンなコバルト色の建物（中略）入ると、シンホニーが聞こえ、ソファがあり、インクの香も新しい新刊書が並べてあって、まったく気持がよい」（原文ママ）

写真で見ても素敵な、カリフォルニアの海辺のまちにありそうな雰囲気の書店である。昭和二十五（一九五〇）

年には、田辺の大番頭の松原治《まつばらおさむ》が入社している。紀伊國屋が現在のように日本を代表する書店になれたのは、田辺の夢を実行に移す大胆さと、それを実現するために現実を見る力のあった松原の功績が大きいと思われる。

昭和三十九（一九六四）年には、現在の店舗（紀伊國屋書店新宿本店）が、前店舗と同様に前川國男の設計で完成した。重量感のある反り返った庇《ひさし》が特徴で、同じく前川の設計である上野の東京文化会館にも同じような庇がついている。前川の師匠で世界的建築家のル・コルビュジエが設計したロンシャン礼拝堂にも同じような庇がついているので、師匠譲りといえるのかもしれない。一階は通り抜けができるようになっていて、まちに開かれた設計になっている。

今度の建物には、これも田辺の子どもの頃からの夢であった劇場、紀伊國屋ホールが併設された。紀伊國屋ホールは小劇団にとって「いつかは紀伊國屋ホールで演劇を上演してみたい」という憧れの舞台となっている。また、田辺の創設した紀伊國屋演劇賞は、日本の演劇界を代表する賞である。

田辺は昭和五十六（一九八一）年に七十六歳で亡くなるが、その生き方は、バラバラに見えながら巨大なまちを形成する新宿そのもののようだとも評されている。

ほてい屋（右手前）と、建設中の伊勢丹（右奥）（昭和８年／『ステイション新宿』より転載）

■新宿デパート戦争

伊勢丹は新宿を代表するデパートである。新宿の地でその地位を獲得するまでの歩みを紹介したい。伊勢丹発祥の地は神田旅籠町で、明治十九（一八八六）年に呉服屋として誕生する。やがて「帯の伊勢丹」「模様の伊勢丹」と呼ばれるようになり、高級呉服店としての地位を確立した。夏と冬に行われた伊勢丹の売り出しは、神田の名物と呼ばれていた。

昭和八（一九三三）年に伊勢丹は新宿に進出する。それ以前から伊勢丹は新宿の将来性に着目して進出の機会を伺っていた。昭和六（一九三一）年に東京市電気局の一〇〇〇坪以上の土地が入札となり、社内では無謀という声もあったが、二代目小菅丹治《こすげたんじ》の「小菅家の運命を賭けても所期の目的を達する外なき」（原文ママ）という決意で入札に参加し、無事落札することができた。

昭和七（一九三二）年から翌年にかけて、建設中の様子を写した一枚の写真がある（前頁）。画面右手前に写っているのが今はなき「ほてい屋」（明治初めに神奈川県下で創業。大正十五年、現・新宿三丁目の角地に「新宿発の本格デパート」として進出）で、その奥に写っているのが、建設中の伊勢丹である。写真を注意してみると、建設中の伊勢丹は、一階から二階の軒飾りの位置や各階の床の位置も、ほてい屋と揃えていることがわかる。どうも伊勢丹は、新宿移転時からほてい屋との合併を視野に入れていたようなのだ。警視庁でほてい屋ビルの図面を閲覧し、同じようなビルを建築している。また、建設中は向かいのビルからほてい屋をのぞき、床の高さなどを調整したという。

ほてい屋も、安売りなどで対抗するも、それもむなしく昭和十（一九三五）年に伊勢丹に買収されてしまう。

伊勢丹は、ほてい屋買収後に、暮れの大売り出しに間に合わせるため、昼夜兼行で大改装を行い、伊勢丹とほてい屋の建物を合体させた。接続部分には、電気自動階段（エスカレーター）が設置され人気を博したといわれる。珍しいことに、伊勢丹にはアイススケート場があった。芝浦と赤坂に次ぐもので、山の手には伊勢丹にしかなく、一日平均一二〇〇人という来場者で、非常に好評だった。

伊勢丹とほてい屋の合体の跡は、今でも確認することができる。伊勢丹の前を新宿駅側から新宿三丁目交差点に向かって歩いていくと、途中で外壁が歩道側に出ていることがわかる。そこから交差点側が旧ほてい屋の建物である。縦のラインが強調された美しい建築は新宿を代表するアイコンとなっている。

■武蔵野館、帝都座、ムーラン・ルージュ新宿座

関東大震災後に新宿の映画館は数を増し、新宿は映画のまちとなっていった。代表的なものをいくつか紹介したい。

最初の本格的な映画館は、武蔵野館である。現存する、新宿を代表する老舗映画館だ。大正九（一九二〇）年に、のちの三越、現在のビックカメラの場所に開館し、昭和三（一九二八）年に現在地へ移転した。当時の映画はサイレントで、映画館には音楽を演奏する楽団と、ストーリーを説明する「説明者」がいた。「弁士」といわれることも

多いが、パンフレットなどには「説明者」とある。武蔵野館は楽団も説明者も一流だった。楽団は武蔵野管弦楽団と呼ばれ、指揮は白系ロシア人のミハエル・グリゴリエフ(大久保に暮らした)。長身でタクトを振る姿が美しく、武蔵野館の魅力の一つとなっていた。映画の休憩時間には生演奏を披露し、生演奏を聴く機会の少なかった当時の人びとの喝さいを浴びた。説明者は、のちに作家やタレントとしても活躍する徳川無声《むせい》などが務めている。

次は、帝都座である。帝都座は昭和六（一九三一）年に、新宿通りの伊勢丹の前に、日活封切館として開館した。開館当時、「装飾美を極めた点において東都第一の映画殿堂である」と評されている。映画館としても豪華だったが、五階のダンスホールも評判を呼んだ。赤坂のフロリダダンスホールや、新橋の新橋ダンスホールと並ぶダンスホールだった。酒気を帯びた人や学生服の人は入場を断られたという。第二次世界大戦後、ダンスホールは軽演劇場となって、東京宝塚劇場の社長だった秦豊吉《はたとよきち》が、日本初のストリップショー「額縁ショー」を上演したことでも知られる。

最後に、軽演劇で有名だった「ムーラン・ルージュ新宿座」を紹介したい。ムーラン・ルージュ新宿座は、現・ドン・キホーテ新宿東南口店がある場所にあった。佐々木千里《せんり》によって昭和六年に開館。浅草の軽演劇よりも洒脱で都会的な軽演劇を上演し、学生や若いサラリーマンに高い人気を誇った。「空気・飯・ムーラン」というキャッチフレーズを掲げ、生きるためにエンターテインメントが必要なのだと宣言していた。ムーラン・ルージュ新宿座からは「明日待子《あしたまつこ》」という大スターが出現し、日本のアイドル第一号とも呼ばれている。

ムーラン・ルージュ新宿座
（提供・㈱ヒューマックス）

第五章

戦後①
「歌舞伎町」を創った人びと

東京産業文化博覧会（昭和25年4月29日付「週刊新宿画報」より転載）

[現・歌舞伎町一丁目] 町会長・鈴木喜兵衛の復興計画

新宿は戦災で歌舞伎町も含めて焼け野原となってしまった。何もないところから始まった復興計画。それを立てたのは、役人や政治家ではなく、いち町会長だった。その人、角筈一丁目北町会長を務めた鈴木喜兵衛の活躍を鈴木の著書『歌舞伎町』などをもとに追っていきたい。

■イギリス仕込みの商業道徳

終戦時に、現・歌舞伎町一丁目の町会長だったのは、鈴木喜兵衛という男だった。昭和十八（一九四三）年に、角筈一丁目北町会町会長になっている。鈴木は明治二十四（一八九一）年、三重県生まれ。海外雄飛の夢を抱いて上京して、アメリカやイギリスの大使館でコックを務めている。その中で、イギリス製の缶詰の量目が表示量よりも必ず二、三匁《もんめ》（一匁は三・七五グラム）は多く詰めてあることに気づいた。その頃の日本では、竿秤《さおばかり》で目方をごまかすことを商人の手腕のごとく考える慣習が残っていた時代だ。そういう時代の日本で、イギリスの誠実な商売のやり方に対して感動を覚えていた。

鈴木は大正十一（一九二二）年に新宿大ガードのそばに大洋軒というレストランを開業している。二年後の大正十三（一九二四）年にレストランを発展解消して缶詰のスープやカレーを製造販売する「鈴木喜兵衛商店」を、角筈一丁目（現・歌舞伎町一丁目）に開業した。

鈴木喜兵衛（鈴木喜兵衛著『歌舞伎町』より転載）

鈴木の扱っている商品に「家庭カレー」というものがあり、お湯で溶かし煮沸すると、缶詰一缶で三皿分のビーフカレーができるというもので人気があった。通常は一缶二〇銭で卸し、店側は二五銭で販売していた。

上野松坂屋と取引した際に、店側の要望でどうしても卸値を下げろということで五厘だけ下げたが、売値は他店の手前もあり二五銭で維持してもらっていた。ある日、納品時に小僧が「今日のカレーは小さいからすべて持って帰れ」と言われる。小僧が再度計ってほしいと伝えたところ、確かに量目は合っていた。材料を切る人が違ったので幾分小さく見えたのだ。「主人からいつも量目は二、三匁多くして、見本より良くしろと言われている」と伝えると、責任者が丁度通りかかり、商売のやり方が気に入ったので五厘の値引きはなかったことにと、鈴木に電話で伝えてくれたという。こうしたイギリス仕立ての鈴木の商売のやり方が、後の復興計画につながっていく。

▩空襲で焼け野原に

昭和二十（一九四五）年四月十三日午後九時頃、警戒警報のサイレンが鳴った。鈴木が町会員である医師宅の防空壕で、救護の打ち合わせをして外に出てみると、第五高女の前あたりから町会の事務所より南に紅蓮《ぐれん》の炎がメラメラと立ち昇り、黒煙が渦巻いていた。B29の一機が銀翼を炎に照らして頭上を掠《かす》める。警防団の人びとを中心に手押しポンプとバケツリレーで消火を試みるが手に負えなかったという。翌十四日の午前二時頃には歌舞伎町はほぼ焼け野原になった。中村屋の道場（正確な場所は不明）が焼け残っていたので、四谷第五小学校、武蔵野館などに避難した人たちを集めている。それが午前四時頃である。警察に炊き出しを依頼するも難しいといわれるが、乾パン二〇〇〇人分を手に入れることができ、八時三十分に千八百数十名に朝食を配給することができた。区役所と交渉してその日のうちに毛布四〇〇枚を借りている。現・歌舞伎町一丁目に多くの人が住んでいたことに驚きである（現住民は令和五年一月一日現在で一五六人）。その後、多くが疎開していき、十九日にはほとんどの者が立ち退いたという。町会としてもすることがなくなり、区役所への毛布の返却、中村屋道場の掃除、関係方面への挨拶を済ませ、焼け残った二六世帯を二つの隣組に再編成して、角筈一丁目南町会（角筈一丁目南町会は現在の新宿三丁目にあたる。紀伊國屋書店やタカノなどがあるあたり）に面倒を見てもらうことをお願いしている。二十日に、戦争が終わったら協力して町会の再建を行うと申し合わせて、町会の解散をしている。

▒日光中禅寺湖畔で起こした「復興計画」

戦災後に鈴木が疎開したのが、妻の実家がある中禅寺湖（栃木県）である。中禅寺湖畔の英国大使館の別荘隣りにある、南五番の別荘に身を寄せた。わたしも訪れてみたが、本人も書いている通り、男体山《なんたいさん》を見渡せるすこぶる風光明媚な場所である。現在も門に「櫨楓庵」という表札が出ている。敷地は林に囲まれ建物の姿を見ることはできないが、もしかしたら鈴木が暮らしていた建物が残っているのかもしれない。

この場所で鈴木は八月十五日の終戦を迎える。天皇陛下の玉音放送を聴いた鈴木は「悲しいのか？　憤激したいのか？　戦争が終つて安心なのか？」（原文ママ）と、複雑な感情が湧き上がってきたという。その日、これからの日本の姿を鈴木は思い描く。

「そうだ　観光国策之れは必ず取り上げられるに違いない　各国に憎まれる心配もない（中略）彼等が東京の焼野原に立った時　新宿に整然とした復興の街のある事を見せてやる　計画復興だ観光国策の一環として　道義的繁華街の創造をする」（原文ママ）

そんなことを考え就寝したのは、日付も変わった八月十六日午前三時過ぎだった。

翌々日の八月十八日早朝に、復興計画の構想を胸に鈴木は中禅寺湖を出発する。その日は下北沢の娘のところに宿泊。翌朝、娘がつくってくれた弁当を腰に下げ、待っている恋人に会いに行くような気持ちで、自転車で歌舞伎町の焼け跡に駆けつけた。

そのときの歌舞伎町には、カボチャの黄色い花が妍《けん》をきそうように咲き乱れ、まち中の廃墟を覆うようにその太い茎や葉が青々と生い茂り、平和な春の野面を思わせるようだったという。北多摩の青年団や有志の人たちが、都バス車庫裏一帯の焼け跡を片付け、カボチャの種を蒔いてくれていたのだ。そこで、先述（九五頁）のように、岡田大将の家に住み込んでいた隣組の組長に出会い、住民の避難先を知ることができた。

その日の夜は、町会の庶務部総代で、戦前に米穀商を営んでいた杉山健三郎氏を訪ねてこう切り出している。

鈴木「時に（著者注　角筈一丁目）北町会を都市計画に準拠して計画復興をしたいと思うんですが手伝って呉れませんか」
杉山「計画復興てどんな事ですか」
鈴木「復興協力会を造り借地権を一本に纏《まと》め土地を自由にする事を地主から任せて貰い　役所に頼んで都市計画をして貰う　新らしく道路を付け直して区画を整理してから　適当に地割をして会員に建築をさせる　そうして世間でまごまごして居る間に道

復興協力会実行委員会。前列右から副会長の杉山健三郎、会長の鈴木喜兵衛（鈴木喜兵衛著『歌舞伎町』より転載）

義的な繁華街に仕上げる　こう云う計画です」
杉山「結構な話ですがうまく行きますかね　第一地主が土地を自由にさせるでしょうか」（原文ママ／ルビ編集部）

鈴木は、「地主はどうにかなると思うが、借地権の一本化が課題だ」と答えている。また、杉山に「自分たちをどうにかすることが先決では」と問われると、「心あるものは自分の事など考えている時ではない」と熱く語っている。その熱意におされ、杉山も「できる限りのお手伝いをしましょう」と応えた。こうして復興協力会の設立趣意書をつくり、八月二十三日には町会員宛の発送にこぎ着けている。ここまでで、終戦日の八月十五日から、わずか八日である。

鈴木が述べた「道義的繁華街」だが、歌舞伎町の復興計画としては、どこか奇異に見られがちだ。その意図としては、鈴木が理想とした誠実なイギリス的商業道徳を表したものだと考えられる。歌舞伎町のその後の実態とはかけ離れたものとなってしまったが、これからの歌舞伎町を考えるうえで、もう一度立ち返っても良い言葉だと思う。


ところで、日本を代表するデザイナーの一人、山本耀司《ようじ》の父親も、歌舞伎町で鈴木と同じようにデパートに総菜を卸す会社を経営していた。その長男として、山本は昭和十八（一九四三）年に歌舞伎町で生まれている。第二次世界大戦後は戦死した父親に代わり、母親がコマ劇場のはす向かいに洋装店を開いて家族を養った。

山本は戦後の歌舞伎町を「荒っぽい土地柄だった」（「日本経済新聞」令和三年九月三日）と語っている。歌舞伎町の映画館に顔パスで入場して話題作を無料で観ていたという。母親とともにクリスチャン・ディオールのショーを見に行ったりもした。自身も今や、ヨウジヤマモトの名でデザイナーとして活躍していることは周知のとおりである。

道義的繁華街「歌舞伎町」をめざして奮闘

■大地主・峯島家の、大いなる理解

峯島家は大正時代に歌舞伎町の池を埋め立てて住宅地としてからも、地主として歌舞伎町に残っていた。いつでも土地の権利問題が都市計画の実現の前に立ちはだかるのだが、その点、歌舞伎町は峯島家が大地主（町会面積の約三分の一を所有）として残っていたことで、峯島家を説得できれば計画の実現性は大いに高まることになった。

九月に鈴木は杉並にある尾張屋七代目（尾張屋土地㈱二代目社長）峯島茂兵衛の屋敷を訪ねている。鈴木は緊張してどうやって峯島氏に話したか覚えていないと語っているが、同席者の記憶では、歌舞伎町の復興計画を熱く語り、峯島の同意を取り付けることができた。その後、峯島は区画整理組合の副組合長となっている。峯島家は積極的に動いたわけではないが、歌舞伎町の復興にあたっては峯島家の同意が不可欠だったのであり、その役割はもっと評価されても良いと考える。峯島家は戦後、財産税などもあり

新宿第一復興土地区画整理組合地鎮祭。左側の、前列右端が鈴木喜兵衛組合長。その左隣が７代目峯島茂兵衛副組合長（昭和22年ごろ／提供・尾張屋土地㈱）

（一三五頁に詳述）、厳しい経営状況だった。そのため、歌舞伎町では所有の不動産の底地を販売していて、今現在の所有地はわずかになっている。後に、第五高等女学校跡地を東宝に売却しているのだが、鈴木の要請を受けたのか、市場価値に比較して低額で販売し、まちづくりに協力している。

戦後、歌舞伎町の靖国通りに面した場所に、「尾張屋書店」という本屋があった。戦前の歌舞伎町で、尾張屋所有の貸地の管理などを行っていた社員の子息が経営していた。歌舞伎町商店街振興組合にも属して、尾張屋土地㈱との連絡役も担っていたそうだ。小さな本屋だが品ぞろえもよく、わたしもいつも利用していたが、二十年ほど前に惜しまれながら閉店してしまった。

■歌舞伎町の名付け親、石川栄耀

八月十五日の深夜に鈴木が描いた復興構想は、「国鉄山の手線を背にして　ワ冠リ型に　東向きに芸能施設をなし　その東南一帯に職能配置の道義的繁華街の建設をする計画」（原文ママ）だった。しかし、この芸能施設の計画は復興協力会でも秘密にしていた。それには次の三つの理由があった。一つ目に建築資材の少ない中で芸能施設が許されるか不安だったこと（その不安は的中する）。二つ目に軽々しくこれを公表して会員が土地に対して射幸心《しゃこうしん》を起こしてしまうこと。三つ目に公益事業として行うべき仕事に、強い私欲が生じて土地問題の解決に障

石川栄耀（提供・渡邉耕〈えいよう会代表幹事〉）

害が起きることである。

十月中旬、東京の戦災復興を担当していた東京都建設局都市計画課長の石川栄耀《ひであき》（前頁）に、地主の峯島とともに面会し、秘めていた計画を披露している。

石川は今まで理想的な復興計画を立てても土地問題が錯綜して実現できなかった。ところが、このまちでは地主と住民がまとまっていることに感銘を受け、芸能広場のある理想的な文化地域の建設計画を立てようということになった。そして出来上がった計画が、図面の計画（次頁）だった。その実現については、進出企業も決定し、建設できうる体制が整っていたが、数度の建築制限令などによりほとんどの企業が脱落してしまっている。

特に中央の大劇場は、「菊座」という名称で鉄筋コンクリート造り四階建て、一八五〇席の歌舞伎劇場となる予定だった。

なお、従来の地名「角筈一丁目」では語呂も悪く、新興文化地域の町名にも相応《ふさわ》しくないと鈴木は考え、いろいろな人にも相談していた。昭和二十一（一九四六）年の秋ごろに石川課長にも話をしたところ、センターに歌舞伎劇場を建設することが目的なのだから、「歌舞伎町」が良いのではないかといわれた。語呂もよし、他に類似の町名があ

復興計画図（李 東毓・榊原 渉・戸沼幸市、平成11年「戦後の地区発展からみた新宿歌舞伎町における復興計画の影響に関する研究」より転載）

るか調べた結果、それもなかったため、昭和二十二（一九四七）年に町名変更の申請を行い、昭和二十三（一九四八）年四月一日から新宿区**歌舞伎町**となった。

ちなみに淀橋区と四谷区、牛込区が合併して、昭和二十二年三月十五日に**新宿区**が誕生した。区役所は、旧三区のバランスや鈴木の働きかけもあったのか、歌舞伎町に設置することになった。その後、住居表示に合わせて昭和五十三（一九七八）年に歌舞伎町が**歌舞伎町一丁目**となり、西大久保一丁目の大半が、**歌舞伎町二丁目**になった（四一頁参照）。

東京都の石川都市計画課長は、後に早稲田大学教授となり、日本の都市計画の第一人者とされた。歌舞伎町の都市計画のほか、麻布十番の都市計画や、数寄屋橋のビルの上に高速道路を通すという計画にも関わっている。日本都市計画学会は石川の死後、その功績を記念して「石川賞」を創設し、毎年顕著な都市計画の論文や取り組みに授与している。

■興行街のプランと特徴

歌舞伎町の興行街は、広場を中心に、歌舞伎劇場などの**大劇場二、映画館四、お子様劇場一、演芸場一、大総合娯楽館一、大ソーシャルダンスホール一、大宴会場、ホテル、公衆浴場など**を配するというものだった。この構想にはカジノは入っていないが、ニューヨークのブロードウエイやラスベガスのようなエンターテインメントのまちにしようという構想で、非常に先進的なものだった。

歌舞伎町都市計画で意図されたものの特徴として、三つのことが挙げられる。T字路、背割り通路、そして広場である。歌舞伎町に入っていくと気がつくのは、行き止まりの多さである。先が見えず、正面の建物が迫るようで、少し不安も覚える。じりじりとした感じを抱えつつ歩いていくと、急に左右に視野が広がり、新たな建物が見えてくる。その繰り返しでまちの奥に引き込まれていくのだ。現在でもゴジラロード（セントラルロード）の先にあるゴジラヘッド（新宿東宝ビル）や、平和通りの「I♡歌舞伎町」のネオン（歌舞伎町ハヤシビル）のように目を留める存在、そしてそれを生み出すT字路が、歌舞伎町のもつ迷宮性のエッジを立てている。

次に、背割り通路である。こちらは歌舞伎町の建物と建物の背中にある細い通路だ。鈴木喜兵衛が考えたもので、ゴミ出しなどのサービスヤードとしての働きはもちろん、災害時に消防ホースが届くようにつくられた通路である。あまり目立たない存在だが、現在でも確認することができる。

最後に、広場だ。新宿東急文化会館やコマ劇場などに囲まれた広場（現・シネシティ広場）は、正確には新宿区道であり、広場ではない。法律的にはそうなのだが、鈴木や石川が考えたまちづくりでは、自由に人びとが集える場所を願って、あのような空間が生み出された。

歌舞伎町のまちづくりについては、昭和二十（一九四五）年十月二十七日の朝日新聞に次のような記事が載っている。

「地主も進んで協力　古巣に築く理想郷（中略）音頭とりは町会長

簡易住宅の建築が土地問題資材関係などから円滑に運ばず　一方物件停止令の生んだ早いもの勝ちの無軌道なバラックが正常な復興の歩みを阻むなど　明かるべき新建設の前途に暗い影を投げて居るとき　信頼される旧町会長を中心に戦災都民の自発的な盛り上る復興の熱意が旧北町会あげての『集団復興』の型を生み関係当局の期待と注目のうちに着々実行に移されて居る　去る四、五月二度の戦災で焼け残りなしの全滅を食つた新宿駅前北側の旧角筈一丁目北町会がそれだ　既に戦災復帰者を糾合して懐しい古巣の復興協力会を結成　厄介な土地問題も解決して一両日中仲良く区画の地割を行い早急に整地作業を行うと云う音頭取りは旧町会長の鈴木喜兵衛氏（中略）戦う町会の良き指導者だつた同町会長は平和建設でもみんなの信頼を担つて　一、すべて共同してやる　一、たとえ仮建築ながら将来生れ出る理想帝都の縮図を町会に提出する　一、建物が出来れば明るい親切な道義の商店街とする　の三つを信条にしてい

る」（原文ママ）

鈴木の行動力については称賛するしかないのではないか。

■歌舞伎劇場が造れない!? 「菊座」の顚末

鈴木はどうして歌舞伎劇場の建設を思い立ったのだろうか。当時は日本の民族精神をテーマとした演劇が次から次へと上演禁止の命令が出て、「歌舞伎」の全滅が懸念されていた。鈴木は日本文化継承のためと考えていたのかもしれない。そんな中、日本の著名人が多数発起人となって、歌舞伎を存続させようと、このまちで歌舞伎劇場の建設が企画されたのだ。地下室付きの地上四階、定員一八五〇人という劇場を六カ月程度で設計して、建築許可も受けていた。しかし、預金封鎖、財産税の関係で、建築着手に多少の時を要した間に、大建築の禁止令が出て、ついに関係者はここから退陣を余儀なくされたという。

失敗に終わった原因をみていこう。

一つ目は、「預金封鎖」である。預金封鎖は昭和二十一（一九四六）年二月十七日に実施された。一カ月に一人当たり一〇〇円、世帯主は三〇〇円しか預金を引き出せなかった。国家公務員の大卒初任給が五四〇円であり、非常に厳しい措置だったことがわかる。預金封鎖の前日には新円切り替えが行われており、新円に切り替えた預金を封鎖された国民は、大変な困窮におちいった。

二つ目は、「財産税」である。昭和二十一年十月十一日に成立した法律で、同年三月三日現在で所有する財産に対して税金をかけたものである。翌年の二月二十八日が納期とされていた。税率は累進課税で、一〇万円超から一一万円以下は二五％、一七万円超から二〇〇万円以下は五〇％、一五〇〇万円超は九〇％などとなっている。当時の一〇万円は現在の五〇〇〇万円程度かと思われ、それ以上の財産がある人は、財産二〇万円だとすると、累進課税なので四万一〇〇〇円、現在に換算すると一億円の財産に対して約二〇〇〇万円の税金を支払う必要があるというものだ。仮の試算なので誤っている可能性もあるが、かなり重い税金である。

三つ目は、昭和二十一年に出された「臨時建築制限令」である。建築制限令は何度か出されているが、不要不急の建築物の建築を制限する命令だ。戦後の日本は住む場所に困っている人びとが非常に多くいた。それに対して建築資材は非常に不足しており、貴重な建築資材を不要不急と思われた興行施設などに使うことを禁止するため、五〇平米以上の住宅などの建築自体を禁じたのである。

これら三つが重なり、歌舞伎劇場「菊座」の計画は頓挫してしまうのである。

ところで、第二次世界大戦前の新宿に歌舞伎劇場があったことをご存じだろうか。昭和四（一九二九）年九月に開館した「新歌舞伎座」である。新宿駅東口の現・大塚家具ショールームになっている場所である。松竹が山の手随一の大劇場を建設し、吉右衛門《きちえもん》、三津五郎《みつごろう》、仁左衛門《にざえもん》、蓑助《みのすけ》などの豪華メンバーで華々しく幕を開けている。一時は青年歌舞伎を上演したりしているが、昭和九（一九三四）年に「新宿第一劇場」に名前を変えて松竹少女歌劇を上演したり、エノケン一座が上演したりしている。どうも新宿の土地柄には歌舞伎が合わないと見切りをつけたためらしい。

■国際百貨店計画

「菊座」計画が失敗した後、昭和二十二（一九四七）年に鈴木が取り組んだのが、インターナショナルデパートメントストア計画である。この計画は、通常のデパートとは異なり、外資導入を前提としている特徴的なデパートだった。

国際百貨店パース（鈴木喜兵衛著『歌舞伎町』より転載）

自動車など輸入機械器具の特約販売をはじめ、直輸入した米国雑貨・食料品などの販売、その他、厳選した日本産品も販売していくとしたが、外資導入の前提が崩れてしまい、実現することはなかった。当時は、新宿三丁目の伊勢丹の東側に「OSS TOYOKO」（オーバーシーズストア　トーヨコ）という外国人だけが買い物をできるデパートがあり、そこで買ったものが、新宿の闇市で売られていた。それに類似したデパートを考えていたのかもしれない。

建物のパースも出来上がっていて、デパートの名称は「KABUKI」となっている。バウハウス風のシンプルでモダンなスタイルの建築デザインである。設計者は大江宏で、千駄ヶ谷の国立能楽堂などを設計している。後期の建築は、モダニズムと日本の伝統様式を混合させず、混在併存させた建築様式といわれるが、歌舞伎町のデパートはインターナショナルスタイルであった。

■インフラが整い、歌舞伎町復興祭を開催

昭和二十三（一九四八）年四月十五日に、歌舞伎町復興祭が挙行されている。招待状には次のように記されている。

招待状

拝啓（中略）当町は終戦直後より道義的文化地区建設をモットーとして計画的復興の為め発足し（中略）上下水道　電気　瓦斯　電話　街路樹の新設　移設工事を整備完成致し　劇場　映画館を除き初期の計画通り建設も略々完了し町名も去る一日より官庁の認可を得て歌舞伎町と改称　是を機会に左記日時により復興祭を挙行する事になりました……

復興祭祭典委員長　鈴木喜兵衛（原文ママ）

映画館や劇場については未定だが、上下水道や電気などのインフラ整備も終わり、一定の進捗が見られたことになる。当日は、マーチングバンドの行進や、歌舞伎町復興踊り、全日本素人演芸大会、植木市などが開催されている。

楽しそうなお祭りだが、計画が次々と頓挫してしまう中、興行街をどう整備していくのか、鈴木の頭は痛かったと思われる。

■多額の負債を抱えた「東京産業文化博覧会」

興行街の実現に向けて鈴木は、昭和二十五（一九五〇）年四月二日から六月三十日までの三カ月間で「東京産業文化博覧会」を開催する。博覧会であれば、建築制限令の例外として大規模建築を建てることができ、それをのちに映画館などに転用しようという目論見だった。第一会場が歌舞伎町、第二会場が新宿御苑、第三会場が新宿駅西口特設会場となっている。

東京産業文化博覧会。中央に噴水があり、恐竜模型なども並んだ（昭和25年４月29日付「週刊新宿画報」より転載）

第一会場の歌舞伎町には、次の施設が設けられた。

一産業館（鉄骨六二五坪）、二社会教育館、三児童青年館（二二〇坪）、四婦人館（二二〇坪）、五合理生活館（二〇〇坪）、六救護所事務局（四〇坪）、七屋内演芸場（後述する、既存の「地球座」）、八野外劇場

第二会場の新宿御苑では、盆栽、サツキなどの展示会などを行うとともに、子どものための遊園地が設けられていて、子どもが遊んでいる写真が残されている。

第三会場の新宿駅西口では、産業特設館や協賛売店が設けられた。

突然だが、「ハイアライ」というスポーツをご存じだろうか。わたしはまったく聞いたことがなかった。フランスとスペインの両国に属するバスク地方発祥のスポーツで、セスタと呼ばれるグローブを装着し、ボールを壁に交互に打ち付ける球技である。ハイアライとはバスク語で「楽しい祭り」という意味らしい。ラテン系の国で人気のあるスポーツといわれる。産業館は、当初「ハイアライ」競技場に転用する目的で、資材難、準備期間の短さなどから大型飛行機の格納庫を移築して代用したという。

新宿区の広報紙「新宿新報」（昭和二十四年十一月二十六日号）でも「新生日本へ再建一路をたどる都区民に光と力と潤いを与えようとするもので、日本再建を促進するため産業振興（中略）と目的とするところは頗《すこぶ》る大きい」（原文ママ）と期待が語られている。

ところが東京産業文化博覧会は好評でありながら、大きな赤字を残してしまった。通常であれば、東京都や新宿区なりの自治体が入って、公費が投入されるのだろうが、産業文化博覧会では鈴木が正面に立ち、責任をとって莫大な借財を抱えてしまう。

■東京産業文化博覧会の後始末

鈴木は借財の返済に追われながらも、東京産業文化博覧会の後始末に尽力する。ハイアライ競技場とする案も潰れ、転用が上手く進まずに困っていたのだが、復興院の総裁を務めていた阪急阪神東宝グループの創業者・小林一三から、鉄骨造の産業館の転用が上手くいけば、他はおのずから道は開けるという主旨の言葉を得ている。そこで、当初の一括処分方式を変えて、産業館の処分に力を注ぐ。小林から紹介を受けたのか、東急の五島慶太とコンタクトをとることができ、その協力で東京スケート株式会社が昭和二十六（一九五一）年に設立され、産業館跡にスケートリンクが開業した。ここが、のちに新宿東急文化会館（平成八年より新宿TOKYU MILANOに改称）が建ち、令和五（二〇二三）年四月より東急歌舞伎町タワーとして開業する場所である。

次章で後述するが、前後してほかの建物も映画館などとして開業することができた。東京産業文化博覧会は鈴木に莫大な借財を残してしまったが、興行街を実現するという目的には大きく貢献することができた。

■都電の靖国通りへの移設

鈴木は、歌舞伎町の入り口ともいえる靖国通りに、都電（十三系統）も、新宿通りから移設させている。東京都交通局と交渉した結果、交通局側から「歌舞伎町に八〇坪程の営業所の敷地を手配してくれれば」という条件を得て、区画整理の中でそれを生み出した。現在の新宿区役所第一分庁舎の場所である。当初は、新宿区役所も靖国通りに面した場所を強く望んでいたのだが、都電営業所の関係もあり、靖国通りから一本中に入った場所になっている。こうして昭和二十四（一九四九）年に、都電は新宿通りから靖国通りに移り、歌舞伎町の大ガード前が終点になった。

これによって、それまで伊勢丹の隣にあった都電の車庫が移転可能となり、後述するが、後に闇市《やみいち》が「新宿サービスセンター」として移転してくることとなる。

■西武新宿駅の誘致

歌舞伎町の発展には、西武新宿線・西武新宿駅の存在が大きい。西武新宿駅と新宿駅を行き来する人で、歌舞伎町のにぎわいは実現しているといってもよいだろう。鈴木は西武新宿駅の誘致にも活躍した。それまで高田馬場駅を起点としていた西武鉄道はもともと、新宿駅に乗り入れる予定だったが、駅の改造が膨大な計画になるため一時中止の状況にあった。ならばと鈴木は歌舞伎町に「一応」の駅を設けたらよいと訴え、そのために山手線の線路際にあった都バス車庫を移転させ、区画整理で決まっていたにもかかわらず、都市計画道路補助七二号線（現・西武新宿駅前通り）の位置を変更することで、「歌舞伎町駅」駅舎建設のためのスペースを確保しようと働きかけていた。

鈴木が都議会議長あてに提出した請願書の写しが残されている。

一、西武鉄道新宿乗入促進に関する請願

（前略）

区画整理当初の設計を一部変更して補助七二号道路を東寄に適当な間隔（十五米位）移行せしめると共に　現在都交通局所管の都バス車庫の移転により　直ちに駅舎も着工出来て西武線乗入開通も早急に実現する一方　その換地提供も出来　地元の繁栄も一段の活気を呈するに至る可く　又《また》将来新宿駅乗入実現の場合に於ても歌舞伎町駅の存在に依つて都電　都バスへの連絡乗降が便利となるばかりでなく新宿駅の大混雑を緩和するにも役立つ利益があると確信致します（原文ママ／ルビ編集部）

西武新宿駅（昭和39年／提供・新宿歴史博物館）

鈴木は東京都交通局へ再三、再四の交渉を行い、昭和二十七（一九五二）年三月、現在の西武新宿駅が開業した。現在では、一度決まった都市計画を変更することは至難の業である。また、西武鉄道からは将来、新宿駅に乗り入れても現・西武新宿駅を廃止しないという書面まで獲得している。鈴木がそれだけ強い思いで西武新宿駅の誘致に取り組んだ成果だと考えられる。

なお、現在のルミネエストの二階に西武新宿線の駅ができる予定で、青写真も残されているのだが、場所が狭く、必要なホームが確保できないという理由で中止になっている。

■鈴木喜兵衛による、まちづくりの完成

昭和三十一（一九五六）年に、歌舞伎劇場の代わりに、東宝によるコマ劇場を開館することができ、鈴木の構想はほぼ完成している。

観光立国を目指し、エンターテインメントのまちをつくるという鈴木の構想は今でも生きており、歌舞伎町は日々変わりつつ新たに創造されている。危うさを抱えながらも人を惹きつけて止まない、そんな歌舞伎町の総合プロデューサーが鈴木喜兵衛だった。

その一方で、莫大な借財を抱えた鈴木は、表舞台から姿を消していく。鈴木喜兵衛は七回の引っ越しをして、郷里の家屋敷も売り、信州の別荘地も売ったのだ。

シネシティ広場にある、歌舞伎町建設記念碑

鈴木の名前は、現在、シネシティ広場に残された船の形を模した記念碑に小さく残るが、その親族である杉山元茂氏（「すずや」社長）は現在、歌舞伎町商店街振興組合理事長を務めるなど、バトンは連綿と受け継がれている。

第六章

戦後②
「歌舞伎町」を彩る人びと

歌舞伎町一番街アーチ

［現・歌舞伎町一丁目］映画館や劇場が林立し、大興行街に発展

鈴木喜兵衛が描いた道義的繁華街・歌舞伎町を、興行主として推し進めた人物、企業はいかなるものであったか。戦後の歌舞伎町の核となる「箱」を創る大きなきっかけとなった、東京産業文化博覧会の跡地の活用と、そのキーマンたちを追ってみたい。そこでは、旧植民地出身の人びとの活躍もめざましかった。

■台湾人実業家・林以文と、歌舞伎町初の映画館「新宿地球座」

歌舞伎町に戦後、最初にできた映画館「新宿地球座」をつくったのは、林以文《りんいぶん》という台湾からの留学生だった。

林は、大正二（一九一三）年に台湾の素封家《そほうか》の息子に生まれた。昭和十二（一九三七）年に中央大学に入学し、学生時代は乗馬に熱中していたという。卒業後は製薬会社の工場長などを務めていた。

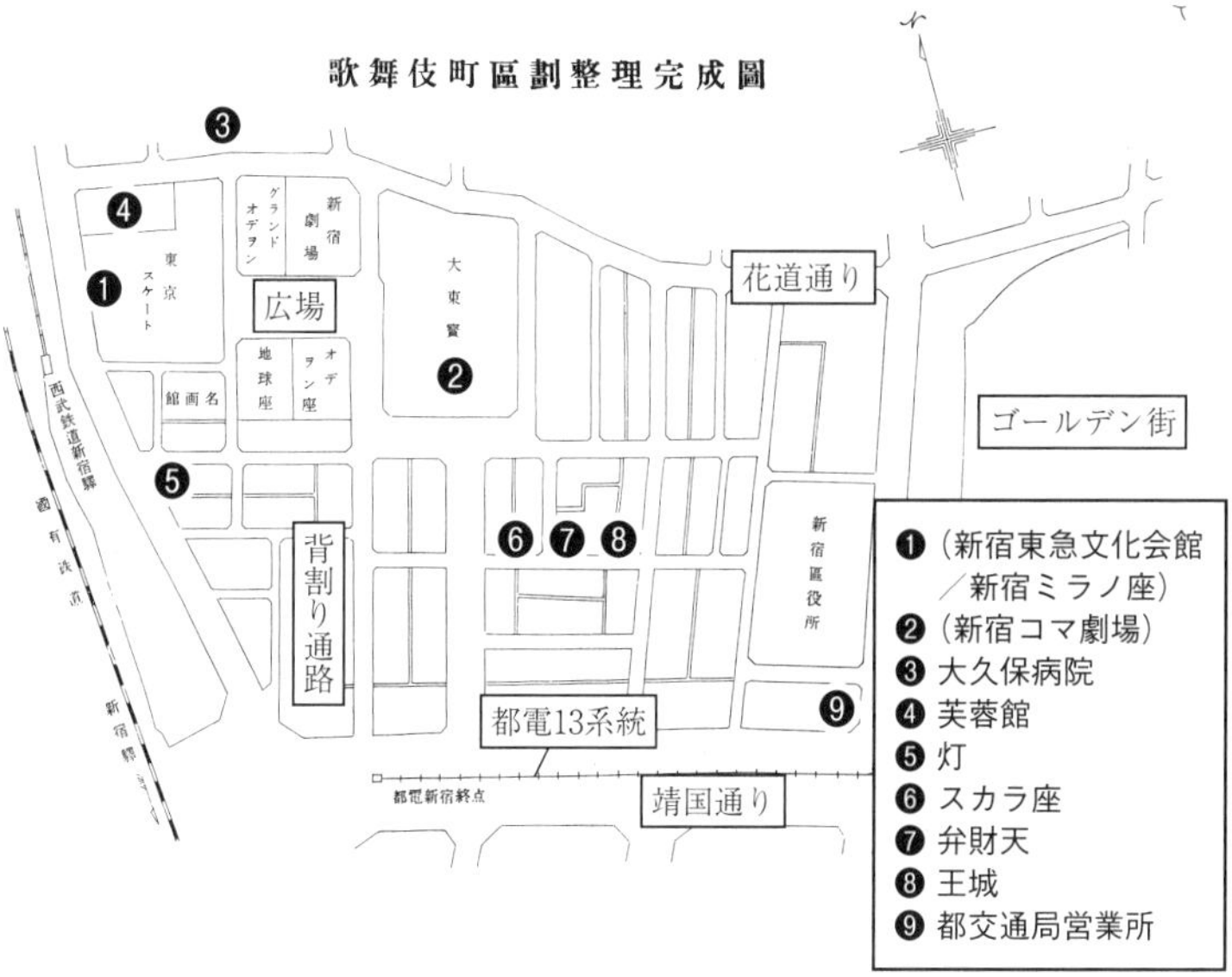

歌舞伎町区画整理完成図（鈴木喜兵衛著『歌舞伎町』より転載、編集部が加筆／現存する飲食店は12頁地図に掲載）

そんな林が、第二次世界大戦後の苦境にあえいでいたムーラン・ルージュ新宿座の再建に乗り出す。そこには、映画『男はつらいよ』のおばちゃん役で有名だった女優・三崎千恵子が関係している。三崎は林以文の貸家に住んで、ムーラン・ルージュ新宿座に通っていたのだが、ムーラン・ルージュ新宿座の窮状を大家だった林に相談したところ、林が興味を示し、再建に乗り出したという。

昭和二十二（一九四七）年四月に劇場を買い取り、人手に渡っていたムーラン・ルージュ新宿座の名前も買い戻し、座席数三五〇、立ち見を入れると五〇〇人の劇場として再建した。昭和二十四（一九四九）年の芸術祭に軽演劇として初めて参加するなど新宿を代表する劇場として頑張っていたのだが、ムーラン・ルージュ新宿座は残念ながら昭和二十六（一九五一）年に閉館している。まったく畑違いの興行界に林が乗り出した理由として、「戦争で沈んだ人びとに喜んでもらいたい」という気持ちがあったという。

そして歌舞伎町で計画された興行街のうち、すでに柱が建っていたことで建築制限令を逃れることができた「新宿地球座」の経営権も取得し、昭和二十二（一九四七）年十二月に戦後都内で建てられた本格ビルの第一号として「新宿地球座」（次頁）を開館した。こけら落としのソ連映画『石の花』には、映画を見ようと並ぶ人の列が新宿駅まで続いたといわれている。昭和二十八（一九五三）年には筋向いに「新宿劇場」を開館。その屋上には旧ムーラン・ルージュ新宿

昭和28年に開館した新宿劇場にて、林以文（提供・㈱ヒューマックス）

昭和22年に開館した新宿地球座（提供・㈱ヒューマックス）

座の風車が載っていた（一五六頁）。

新宿地球座は昭和三十三（一九五八）年に建て替えられ、新宿地球会館となり、その中に地球座が入っている。地球会館の上にはグランドキャバレーのムーランルージュが入っていた。少し高級なグランドキャバレーだった。その後、新宿地球座は歌舞伎町松竹や新宿ジョイシネマと名前を変えながら営業していたが、平成二十一（二〇〇九）年に閉館している。また、新宿劇場も新宿ジョイパックビル（現在のヒューマックスパビリオン）に建て替わり、新宿劇場も新宿ジョイシネマに名前が変わっていたが、映画館としては同じく平成二十一年に閉館している。

林以文は興行界だけでなく不動産業も手掛け、昭和二十三（一九四八）年に創業した「恵通企業」は、現在、総合エンターテインメント企業の「ヒューマックス」としてレジャー・サービス業を幅広く展開している。

■オデヲン座の開館

林以文の地球座に続いて、昭和二十六（一九五一）年十一月には、地球座の隣に、東亜興業が新宿オデヲン座を開館する。東亜興業の創業者の李康友《りこうゆう》も旧植民地である韓国の出身だ。林以文、李康友の他にも、旧植民地出身の人びとは新宿・歌舞伎町で大きな活躍をしている。新宿のもつ懐の深さが多くの才能ある人びとを惹きつけ、活躍の舞台になったのだ。

新宿オデヲン座のこけら落としに上映した映画を調べたのだが、残念ながらわからなかった。この月にはジョン・ウェインが主演した西部劇『黄色いリボン』が公開されており、歌舞伎町で西部劇を観るのは最高だったのかもと想像する。

昭和三十（一九五五）年には、地球座の向かいに「グランドビル」、のちの第一東亜会館を開館し、新宿オデヲン座はその地下に移転している。第一東亜会館にはグランドオデヲン座とニューオデヲン座も開館している。元のオデヲン座の跡にはゲームセンターができたりしたが、昭和四十四（一九六九）年に第二東亜会館が開業し、歌舞伎町東映劇場が開館する。その後、現・シネシティ広場を囲む映画館の一つとして人気だったのだが、映画自体の長期低落傾向や施設の老朽化もあり、平成二十一（二〇〇九）年に両館ともに閉館となっている。平成二十（二〇〇八）年から翌年にかけて、歌舞伎町の映画館は一〇館が閉館になっている。歌舞伎町には少しつらい時代が続いていた。

▒新宿ミラノ座

新宿ミラノ座は、昭和三十一（一九五六）年、前述の東京スケートリンクを取り壊した跡地に建った「新宿東急文化会館」（次頁）の中にオープンした。東急を率いる五島慶太（一五五五頁）は、日比谷や丸の内でにぎわう、東宝系や松竹系など外国映画のロードショー上映館に対抗しようと、新宿と渋谷、両拠点における「東急文化会館設立構想」を打ち出し、同年に渋谷東急文化会館も開業している。すでに昭和二十一（一九四六）年に渋谷の東急百貨店で六つの映画館を開業し、成功を収めていた五島は、「映画

新宿東急文化会館（昭和48年／提供・㈱東急レクリエーション）

こそ今後の娯楽を率いてゆくコンテンツ」と確信を得ていたに違いない。

　新宿ミラノ座のこけら落としは『放浪の王者』というミュージカル映画だった。開業時は一五〇〇席という大劇場で、八・二m×二一・二mという最大スクリーンサイズも備え、「ザ映画館」という感じだった。週末はオールナイトをやっていたので、歌舞伎町で終電を逃したら朝までここの映画館で過ごすという人が、わたしを含めて多かった。

　同じ新宿東急文化会館内には、新宿東急や名画座ミラノ（新館）などもあった。中でも、昭和五十六（一九八一）年にできた「シネマスクエアとうきゅう」

は、神保町の岩波ホールとともにミニシアターのさきがけで、独自の視点で買い付けた欧米の名画を上映した。こけら落としはニコラス・ローグ監督の『ジェラシー』だった。『カルメン』や『薔薇の名前』などの作品を上演して一つの館で一億円以上の興行収入を挙げている。

新宿ミラノ座の方は、日本を代表する映画館の一つとしてさまざまな映画を上映するとともに、シネシティ広場で世界的なイベントも行われた。『マトリックス　レボリューションズ』の世界同時公開では主演のキアヌ・リーブスなどが歌舞伎町を訪れ、映画の中のように雨が降る歌舞伎町で、約二〇〇〇人のファンとともに世界同時公開の幕が切られた。施設の老朽化もあり、平成二十六（二〇一四）年に閉館している（平成八年に施設の名前は「新宿TOKYU MILANO」に代わっている）。その後については、別途述べていきたい。

五島慶太（提供・東急㈱）

屋上にムーラン・ルージュ新宿座時代の風車を乗せた新宿劇場（正面）と、コマ劇場（右）（昭和34年ごろ／提供・新宿歴史博物館）

■新宿コマ劇場

昭和三十一（一九五六）年に、歌舞伎町にコマ劇場が誕生する。座席数二〇〇〇を超える、都内最大級の劇場だ。こけら落としは映画『オクラホマ』の上映だった。

コマ劇場の名前は、三段の円形舞台がコマのようにせり上がることから名づけられた。竣工時には、記念品として関係者におもちゃのコマが配られたという。歌舞伎劇場の誘致はできなかったが、鈴木の執念とも呼ぶべき劇場建設に応えたのが東宝だった。鈴木は東宝の創業者で復興院の総裁だった小林一三（次頁）のもとに何度も通っており、小林もその構想に理解を持っていたのだろう。小林が抱いていた、健全な娯楽を広く大衆に提供することという理想も、鈴木の考えと一致していたのだ。さらに、鈴木の説得により地主だった峯島家は当時の市価よりも破格に安い坪四万八〇〇〇円という単価で第五高等女学校の跡地を東宝に売却している。

新宿コマ劇場は歌舞伎町のシンボルとなり、年間一〇〇万人以上の人びとを集めていた。昭和三十三（一九五八）年には、第九回NHK紅白歌合戦もコマ劇場を舞台に開かれた。美空ひばりや北島三郎などの公演が開かれ、演歌の殿堂として親しまれてきた。

小林一三（国立国会図書館デジタルコレクション）

それだけではなく、宝塚の公演や『WE WILL ROCK YOU』のようなミュージカル公演も行われたりしていたが、施設の老朽化もあり平成二十（二〇〇八）年に五十二年の歴史を閉じている。

それが、平成二十七（二〇一五）年にゴジラヘッドを載せた地上三〇階地

靖国通りから新宿東宝ビルまで伸びる、ゴジラロード（iStock.com／Jui-ChiChan）

下一階の「新宿東宝ビル」として復活する。一二スクリーンを擁するＴＯＨＯシネマズ、高層階には九七〇室のホテルグレイスリー新宿があり、新しい歌舞伎町のランドマークとなった。ビル八階に姿を現した実寸大のゴジラヘッドは、十二時から二十時まで、一時間ごとに一日九回、咆哮《ほうこう》している。それまでセントラルロードと呼ばれていた道路も、ゴジラロードという呼称がついて、面目を一新している。新たな歌舞伎町のシンボルが誕生したのだ。

闇市と青線

終戦後の新宿・歌舞伎町には、ほかにも数多くの物語があった。新宿にあった闇市《やみいち》の風景をのぞいてみよう。

■尾津喜之助がやってきた

昭和十八（一九四三）年五月、角筈一丁目八五番地、現在の歌舞伎町一丁目、さくら通りを入った場所に、ある男が引っ越してくる。この男、尾津喜之助《おづきのすけ》こそが、鈴木喜兵衛が昼間の町会長ならば夜の町会長ともいうべき男だった。尾津の長女、尾津豊子氏の著書『光は新宿より』（K＆Kプレス）などを参考に、尾津と闇市の時代を描いてみたい。尾津は明治三十一（一八九八）年に、東京・本所の相生町《あいおいちょう》に生まれている。関東尾津組を結成して、いわゆる的屋《てきや》、露天商の親分となるが、抗争になった弟分の高山春吉を子分に殺害させた罪で、昭和七（一九三二）年に収監される。昭和十六（一九四一）

年に仮出獄し、昭和十八（一九四三）年に、のちの歌舞伎町に来た。

露天商には、売るものが必要である。尾津は新聞広告を活用した。「商品何でも買います。関東尾津組」という広告を朝日、読売といった新聞に載せている。戦争末期の何もないはずの中でも、どこかに物資はあったのだ。尾津のもとには多くの物資が集まり、それを軍需工場などへ高値で売りさばいた。防空壕の中でも商品交換市場を開き、物資を販売していた。四月十三日に歌舞伎町が空襲を受け、焼け野原になったときも、十五日に尾津組から被災者に粥《かゆ》が届けられたりしている。鈴木喜兵衛も「配給員から分配を受けて戴いた一碗の粥の美味さが当時を追憶すると生々しい記憶で甦ってくる」と、粥のことを語っている。焼け野原になったはずなのに、どこから粥の手配をしたのだろう。不思議としか言いようがない。

■光は新宿より——日本初の闇市の誕生

そして、八月十五日の終戦を迎える。尾津は早速、その日から十月下旬まで、新聞各紙に次のような広告を出している。

〈転換工場並びに企業家に急告〉

平和産業への転換指導は勿論、其出来上り製品は当方自発の「適正価格」で大量引き受けに応ず。希望者は見本及び工場原価見積書持参至急来談あれ。

新宿マーケット　関東尾津組（原文ママ）

これで、多くの物資が尾津のところに集まってきている。

次に、露店の場所である。尾津が新宿マーケットを出店するにあたっては、淀橋警察署長の了解を得ていたという説がある。第二次世界大戦末期から戦後にかけては、本当に混乱期で、治安維持の関係で警察との間で持ちつ持たれつの関係もあったと尾津豊子は書いている。

新宿通りに面した土地の瓦礫《がれき》を四貫目（約一五キロ）のハンマーでたたき壊し、子分たちを総動員して地ならしを行っている。そして全部で三二の売り場を設置し、徹夜で一七〇灯の電灯を設置している。そこに、「光は新宿より」のスローガンをとりつけた。一文字一文字が一〇〇ワットの電灯に照り映えた。尾津はマーケティングの才能があったのだろう。一つ一つの手腕が冴えている。

八月二十日、敗戦から五日目。開店した売り場が一二だけだったのは、新商品がまだ届かず在庫のみの販売だったからだ。日本最初の闇市の誕生である。初日は午後四時ごろまでの営業で、翌日にはもう一つ、売り場を増やしている。

尾津は鮮魚の販売にも乗り出す。千葉の銚子や浦安、伊豆の網代《あじろ》や伊東からトラックで新宿に直送したのだ。三二軒の売り場のうち五軒が魚屋に早変わりしている。

尾津はこんなあいさつをしている。

「早朝から有難うございます。初日の今日は大サービス。伊東の近海物の鯖が三本でたったの一〇円（中略）鰺は、これまた二〇尾で一〇円の御奉仕」

配給の魚は腐る寸前のとても食べられないようなものが多かったという時代なので、新鮮な魚が売られたのは珍しかったのだろう。早朝四時頃から行列ができ始めたという。

闇市のメニューとしては、進駐軍の残飯を煮込んで味付けした「ギャベッジ」と呼ばれた残飯シチューや、燃料用のエチルアルコールを薄めて色をつけた「バクダン」と呼ばれた飲み物もあった。ギャベッジにはタバコの吸い殻が入っていたり、バクダンにはメチルアルコールが入ったりしたものもあり、失明や死亡する危険もあった。

適正価格だったのかはよくわからないが、何もない焼け跡でとにかく必要なものを売っていた。実際、闇の利用を拒否したある裁判官は、餓死している。他の人びとは、役人も含め闇を利用していたのだ。尾津は「尾津（乙《おつ》）な輪《りん》タク」とうたった自転車タクシーを始めたり、無料診療所を始めたりと、新宿を舞台にさまざまな活動を行っている。ただ、尾津のつくった新宿マーケットは、土地を不法占拠している状態だった。

地権者からの告訴

昭和二十一（一九四六）年八月、尾津は地権者一二名から、地主たちを脅迫したとして告訴されている。九月には即時明け渡しの民事訴訟も起こされている。地権者にとっては地代も払わず不法占拠の商売で大儲けされては大迷惑でしかない。昭和二十三（一九四八）年には懲役八年の判決を言い渡されている。その後、服役するが、昭和二十七（一九五二）年に恩赦で釈放されている。

闇市から青線、そしてゴールデン街へ

新宿には、尾津組のほかに野原組、和田組、安田組の闇市があった。そういった闇市は

GHQの意向もあって、徐々に整理されていく。駅前の闇市の一部は花園神社西側に集団移転し、これが現在のゴールデン街北側の部分になる。ゴールデン街南側は新宿二丁目にあった闇市が移転してきた。こうしてこのまちは、一階で酒を提供し、二階に上がるという非公認の売春宿――いわゆる青線地帯になる。昭和三十三（一九五八）年に売春防止法が施行された後は、朝までやっている飲み屋街としてマスコミ業界や作家など文化人が集まるようになり、独特の雰囲気が形成されるようになった。バブル時に地上げにあい、歯が抜けたようになってしまったが、現在は飲み屋だけでなくラーメン屋などもできたりして、すっかり復活している。その昭和の風情が愛され、海外からの観光客も多く、歌舞伎町で一番文化的な場所になっているかもしれない。

新宿通りの露店などは四〇〇軒が「新宿商業協同組合」を結成して、靖国通り側、先述の都電車庫跡に「新宿サービスセンター」というビルを建てて移転した。後に「丸物《まるぶつ》百貨店」というデパートになるが、デパートのビルの中にストリップ劇場があるという新宿らしい景色になっていた。現在は伊勢丹メンズ館になっている。

なお、恩赦で自由の身になった尾津は、新宿東口駅前で、竜宮マートと名付けた集合

青線が転じて、飲み屋街となったゴールデン街（昭和51年ごろ／提供・新宿歴史博物館）

店舗を建設している。果物屋、呉服屋、ケーキ屋、お煎餅屋、傘屋、化粧品屋などが並び繁盛していた。その後、区画整理で移転している。

最後は、歌舞伎町で「新宿可《か》ぶき」というお好み焼き屋を区役所の裏に出店している。一度だけ入ったことがあるが、大きなお店で迷路のようになっていた。監禁部屋もあるという話を聞いたことを覚えている。また、古美術「扇風堂」も区役所通りに開いていた。晩年の尾津は埼玉県に住まいを移し、そこで昭和五十二（一九七七）年に七十九歳でその生を全うしている。

［現・歌舞伎町二丁目］ホテル街、ホスト街への変貌

■焼け野原に生まれたホテル街

戦災で焼け野原となった現・歌舞伎町二丁目も戦後、大きく変化した。昭和二十二（一九四七）年、歌舞伎町に、芙蓉館《ふようかん》という進駐軍兵士の慰安施設が設けられた。その後背地として旅館街、ラブホテル街に変貌してしまったのだ。新宿区史では次のように描かれている。

「昭和二十三・四年頃からであろうと思うが、赤いモルタル塗の洋風建築、或は大料理店と思われるような旅館が軒を列ねて建築された。俗に青線区域と呼ばれている地である。曰くホテル何々とか、或は又外国の地名をとり異国的情緒を奏するような名が、ネオン燦めく頃ともなれば、いやでも目に入ってくる所であり、昼間は殆んど人通りはなく、ホテルの色とりどりのカーテンが半ば開かれているだけである。数十軒

までは無いかも知れぬが、そもそも非合法の営業でありその実態を把握し難いのは止むを得ない。

如何にも新開地のようであり、日本的建築があると思えば、アメリカ風のホテルもあり、殺風景な街ではある。まだ整地もされていない焼跡には、コの字型の土台が崩れかけ、雑草の茂るままであり、塵芥が投げ捨てられている。新宿区の市街が復興したとはいえ、まだ焼跡は整地されてなく放りっぱなしになっており、門柱だけがポツンとしている所は多々ある」（原文ママ）

歴代の総理大臣も住んだ高級住宅街が、どうしてしまったのだろうか。ここからは推測でしかないのだが、西大久保には戸山の軍施設や市ヶ谷の参謀本部などに勤める高級将校、職業軍人が多かったことが関係しているのかもしれない。第二次世界大戦後の昭和二十一（一九四六）年一月四日に、約二〇万人の公職追放令がＧＨＱより出されている。その影響を最も受けたのが職業軍人で、約一六万人が職場を追われているのだ。仕事をなくした彼らは自宅を手放さざるを得なかったのかもしれない。

そこが、進駐軍兵士の慰安施設「芙蓉館」の影響もあり、青線地区になっていったと思われる。「西大久保一丁目の住宅街はどんどん壊されて、みんな連れ込み宿になったんです。それが始まったのは一九五〇年の朝鮮戦争の時です。GIが日本の女性と遊ぶ場所として、この辺を選んだんですね」（「東京人」平成十年二月号）と、作家・加賀乙彦も語っている。

そんなホテル街を、韓流ブーム以降、「きれいで歩きやすい」という理由で、大久保と新宿を通り抜ける道として女性たちが歩くようになっている。あまり人通りが多いのも困るので、一般のビジネスホテルへ転換しようと考えているると、ラブホテルの経営者から聞いたこともある。少しずつ世の中が変わっているのかもしれない。

■ホストクラブの誕生

また、歌舞伎町一丁目と二丁目の境である花道通りにいつの頃からか、ホストの看板が目立つようになった。最初は非常に違和感があったのだが、いつの間にか見慣れてしまった。慣れとは本当に恐ろしい。現在、歌舞伎町二丁目を中心に歌舞伎町には二七〇店以上のホストクラブが存在する。都内で二番目に多い池袋が六店ということなので、圧倒的に歌舞伎町に多い。風営法の関係で深夜十二時以降の営業は違法だが、風俗店に

花道通りの駐車場を囲うように立つ、ホストクラブの看板

勤める女性客が深夜に来店するため、「早朝営業」を隠れ蓑に営業する店が多発するなど問題は多い。また最近では、コロナ禍に「夜の街」というフレーズで糾弾されてしまったことも記憶に新しい。しかし、ホストクラブのオーナー有志などが新宿区に協力して「新宿区繁華街新型コロナ対策連絡会」を結成し、感染対策に積極的に取り組んだ。自発的に掃除に取り組み、歌舞伎町商店街振興組合に役員として参加するオーナーも現れるなど、すっかりまちで市民権を得たホストクラブの歴史を追っていきたい。

　歌舞伎町二丁目がホストクラブのまちとなる契機となったのは、昭和四十八

（一九七三）年の「愛本店」の開店である。「愛本店」の経営者・愛田武《あいだたけし》は、日当に加えて指名客の売り上げの一部をホストにキックバックするシステムで売り上げを伸ばした。「愛本店」が開店した一九七〇年代から八〇年代にかけては、ホストクラブの数は一桁台と少なかった。また、暴力団の影がちらつく、すこぶるダークな世界だった。ホスト自体も黒服でオールバックの裏社会の人間というイメージで、本名や過去は聞いてはいけないという世界だった。

それが変わるのが九〇年代だ。テレビで依頼主の彼女をナンパするというような番組が放映されて、ホストはタレントのような人気者になる。テレビに出たホストを見るためにホストクラブには行列ができたという。ホストは月収一〇〇〇万円を得ることもできる、夢の職業になっていき、花道通りの看板もこの頃から目立ち始めた。ホストクラブの客はキャバクラ嬢など水商売の女性が中心だが、大学生や昼間働いている女性まで、その層も広がった。

現在は、ホストクラブを基に事業展開を図り、美容室やヘアメイクサロンなど二〇店舗以上を経営するグループもある。中には介護事業を行うグループまで出現し、歌舞伎町のホストクラブの懐の深さに驚くばかりである。

性風俗店が増加し、「怖いまち」に

■売春防止法を契機に性風俗店が増加

なお、道義的繁華街として出発した歌舞伎町が大きく変化していく契機となったのが、昭和三十三（一九五八）年四月の売春防止法の完全施行である。

新宿二丁目にあった内藤新宿以来の新宿遊郭（赤線／売春が公認されている地域。警察などで地図に赤線を引いて示したことからこう呼ばれたという。対して青線は非合法の売春地域）が廃止となったのだ。政府統計では、赤線廃止後に女性たちは帰郷、就職または結婚したとされていた。売春業者は料理店、キャバレー、バーなどに転業または廃業し、大きな混乱はなかったとされている。

しかし、その実態は違っていた。赤線地帯にいた娼婦や業者が、新宿駅に近く場所の良い歌舞伎町地域に流れ込んできたという。しかも、法律上、売春行為が禁止されたことで、かえって無法状態となってしまい、歌舞伎町で売春行為が繰り広げられてしまった。

　新宿二丁目はそれまでのイメージもあって空き店舗が多くなり、そこにほかの場所では受け入れられなかったLGBTQの人たちのバーなどができるようになっていった。現在は「二丁目」だけで通用する、世界的に有名な地域になっている。

　歌舞伎町の変化には、それまで歌舞伎町に住んでいた商店主が二代目、三代目のビルオーナーに変わり、まちに愛着を持たなくなったことも関係があると考えられる。歌舞伎町はお金を儲ける場所になってしまったのだ。

　その後もソープランドやノーパン喫茶、のぞき劇場など、時代時代の最先端の性風俗店が次々にオープンして、興味本位のマスコミ記事が流されるようになる。いつしか歌舞伎町に対する負のイメージが人びとに定着してしまった。

■雑居ビル火災が発生

　平成十三（二〇〇一）年九月一日未明に、歌舞伎町の雑居ビル「明星56ビル」で火災が発生し、四四人の命が奪われた。第二次世界大戦後に起こった火災の中で、五番目の犠牲者を出した大惨事である。火災現場を訪れると、こんな狭いところで四四人が亡く

昭和50年代の歌舞伎町１丁目。性風俗店の看板があちこちにせり出している。ポルノ産業の規制を求める声が高まっていく（昭和59年／提供・新宿歴史博物館）

なったのかと不思議に思われるほどの小さな敷地だ。

火事の規模としてはそれほど大きくなかったという。しかし、多くの方が亡くなった三階と四階の店舗には、避難経路が確保されておらず、非常階段には荷物などが山積みにされて通ることができなかった。そのため、ほとんどの人が一酸化炭素中毒で亡くなっている。火事の原因は放火の説が濃厚だが、確定していない。歌舞伎町にとっては非常に不幸な出来事だったが、この火災を契機に、毎年、消防署や区役所などによる雑居ビルの一斉立ち入り検査が実施されるなど、歌舞伎町を安全・安心なまちにするための、官民を挙げた地道な取り組みが行われるようになった。

■官民を挙げたパトロールを実施

石原慎太郎都知事（当時）の強いイニシアチブで、「歌舞伎町浄化作戦」が、平成十五（二〇〇三）年にはじまった。それにより違法な風俗店は減ったが、一方で歌舞伎町のにぎわいも衰えてしまった。健全なエンターテインメントのまちとして再生を図ろうと、平成十七（二〇〇五）年から新宿区を中心とした「歌舞伎町ルネッサンス」がはじまり、吉本興業東京本部の誘致や再開発などが計画されるようになる。

平成二十七（二〇一五）年から翌年にかけては、歌舞伎町のぼったくりが社会問題となった。歌舞伎町交番には被害を訴える人と、ぼったくり店の店員が長い行列をつくるという状況だった。それに対して歌舞伎町商店街振興組合と、歌舞伎町のまちづくり団体である「歌舞伎町タウン・マネージメント」（平成二十年設立）が立ち上がっている。東京弁護士会、東京第一弁護士会、東京第二弁護士会の三弁護士会に働きかけ、歌舞伎町商店街振興組合ビルの一室を提供して、若手弁護士を中心に深夜の歌舞伎町をパトロールしてもらう「ぼったくり被害一一〇番」という取り組みを行った。

現在も、新宿区、警察、地域団体が連携してパトロールを実施（提供・新宿区）

　弁護士会では平成二十七年六月から弁護士が延べ四六〇回出動して、被害者の救済に当たった。弁護士会の活動に対して、平成二十八（二〇一六）年二月に感謝状が吉住健一新宿区長から手渡されている。区長は「暴力団が背後にいる店舗などでは、交渉するにあたり危険もあったと思う。弁護士たちが危険に身をさらしながら、このまちで悪事を働いたら必ず罰せられると知らしめ、地域の安全に大きく貢献してくれた」と感謝の念を述べた。

■シネシティ広場の変化

ミラノ座やコマ劇場などに囲まれた

ヤングスポット（現シネシティ広場）開園式（昭和48年／提供・新宿歴史博物館）

「シネシティ広場」も、鈴木や石川の理想通りの姿となったかどうか、現実には難しい面もある。シネシティ広場の名称は何度か変わっている。最初はレインボーガーデンと呼ばれていた。中央の噴水には七色のスポットライトが当たり、四種類の巨大なプランターが飾られていた。

昭和四十八（一九七三）年にヤングスポットとして再整備され、中央の池は大きくなっている。当時、東京六大学野球の人気は非常に高く、早慶戦の後は早稲田大学の学生がヤングスポットに集まり、朝まで大騒ぎしていた。学生が柱に登り、池に飛び込んだりしたため、いつの間にか池は埋め立てられてしまった。
その後、平成となりヤングスポットにはホームレスが住みつくようになってしまった。雰囲気も悪く誰も寄り付かない広場を再生しようと、平成十九（二〇〇七）年にシネシティ広場として再整備し、平成二十八（二〇一六）年には中央部にあった段差をなくし、完全にフラットなイベント広場としている。さまざまなイベントを実施して広場の活用を図っているのだが、現状は行き場のない若者などが集まり、「トー横」（もともと東宝ビル横の路地に集まる若者を指したが、最近はシネシティ広場にも集まるようになったようだ）と呼ばれて社会問題になってしまっている。

ところで、シネシティ広場や歌舞伎町弁財天を拠点に、新宿駅西口の熊野神社の祭礼で神輿が盛大に練り歩くことをご存知だろうか。面白いことに、歌舞伎町は花園神社ではなく、熊野神社の氏子なのだ。こんなところにも、歌舞伎町が戦前、淀橋区に属していた土地の記憶をみることができる（花園神社は旧四谷区に位置し、熊野神社は歌舞伎町と同じく旧淀橋区に位置する）。

心とお腹を満たす、名店が誕生

■映画・演劇のまちには、名喫茶がある

なお戦後、歌舞伎町で目立つようになったもののひとつに、喫茶店がある。映画を観る前の待ち合わせ場所として、また観た後に感想を語り合う場所として、多くの喫茶店が歌舞伎町にできた。中には個性的な名店も多かった。

昭和二十九（一九五四）年に開業した名曲喫茶の「スカラ座」は、厚手の白いカップで提供される濃いコーヒーがおいしかった。建物が蔦《つた》で覆われ、重厚な独特の雰囲気をもつ喫茶店だった。経営者は台湾出身の林金聲《りんきんせい》で、イタリア、ミラノの歌劇場から喫茶店の名前をとったといわれている。歌舞伎町の店は平成十四（二〇〇二）年に閉店。その後、新宿西口を経て軽井沢で営業しているということだ。

西武新宿の駅前で昭和二十九（一九五四）年に開業した「灯《ともしび》」は、舞台があり、歌唱指導者がお客とともにフォークソングや労働歌を歌う歌声喫茶の先駆けだった。「出発《たびだち》

の歌」で知られる上条恒彦《かみじょうつねひこ》も歌唱指導者として出演していた。ライブハウスのような熱気あふれる喫茶店だった。昭和五十二（一九七七）年に閉店しているが、ひらがなの「ともしび」に名前をかえて、高田馬場で営業を続けている。

名曲喫茶の「王城《おうじょう》」は、建物が今でも残っている。川岸逸平の設計による巨大な名曲喫茶だったが、現在はカラオケボックスなどが入居している。歌舞伎町弁財天の隣なので、外観を見るだけでも価値がある建物である。

また、歌舞伎町はライブハウスの多いまちでもある。代表的なものは、昭和四十三（一九六八）年に開業した「ACB《アシベ》ホール」で、当初は「ニューアシベ」と呼ばれていた。幾度かの経営危機を乗り越え、現在も営業中である。そのそばには新宿西口で長く営業していたライブハウスの「新宿ロフト」が移転してきた。歌舞伎町には今でも十数店ものライブハウスが点在しており、それを活用した音楽フェスが開催されている。

■おいしい料理に舌鼓

歌舞伎町で歴史あるグルメといえば、「すずや」のとんかつ茶づけである。すずやは、前章で述べた鈴木喜兵衛の息子、喜一郎が創業した店で「民芸茶房すゞや」として昭和二十九（一九五四）年に開業している。民芸茶房の名のとおり、全国各地で収集した民芸品を食器として用いるなどして、イギリス人陶芸家のバーナード・リーチ、民芸研究家の柳宗悦《やなぎむねよし》、陶芸家の浜田庄司などが集う店となっていった。店の看板やメニューは、版画家の棟方志功《むなかたしこう》が描いている。

そこでまかないとして始まったのが「とんかつ茶漬け」である。冷えてしまったとんかつをなんとかおいしく食べようとお茶をかけたのだ。それが裏メニューとして広まり、いつしか店の名物となっていった。最初は普通にとんかつとして食べ、その後、茶漬けにしてサッパリと楽しむという、二度美味しい食べ方である。

もう一店。ロシア料理「スンガリー」である。昭和三十二（一九五七）年創業の、老舗ロシア料理店で、歌手の加藤登紀子《ときこ》の両親が経営していた。加藤夫妻は満州のハルピンからの引揚者だった。スンガリーの名前もハルピンに流れていた川「松花江《しょうかこう》」のロシア語名に基づく。スンガリーでは、冷凍庫で冷やしたとろみのついたウオッカが印象的だった。

第七章

未来
世界的なエンターテインメントシティへ

東急歌舞伎町タワー（©TOKYU KABUKICHO TOWER）

二十四時間稼働の世界的繁華街へ

■新宿TOKYU MILANO跡地に、新施設が誕生

最後に、このまちの未来を少しだけ想像してみたい。

令和五（二〇二三）年四月、歌舞伎町に新しい文化の拠点が誕生する。新宿ミラノ座があった新宿東急文化会館（新宿 TOKYU MILANO）跡地に建設される、「東急歌舞伎町タワー」である。「国内最大級のホテル×エンタメ施設複合タワー」とうたい、西武新宿駅前という好立地を活かして、〝好きを極める〟というコンセプトで東京の新しい〝都市文化体験〟をうながす狙いだ。地上四八階、地下五階、高さ約二二五m、延べ床面積は約八万七四〇〇㎡という威容を誇る。

主な施設としては、地下に新宿エリア最大級のライブホール「Zepp Shinjuku（TOKYO）」が誕生。夜間時間帯も、巨大なナイトエンターテインメント施設「ZEROTOKYO」として活用する。地上には、新宿ミラノ座の名を継承する劇場

「THEATER MILANO-Za」や、109シネマズの新ブランドとして上質な鑑賞空間を提供する映画館「109シネマズプレミアム新宿」が誕生する（音響システムは、世界的音楽家の坂本龍一が監修）。

　高層部には二タイプのホテルがオープン。一つ目が、まちを周遊する外国人旅行者などを想定したライフスタイルホテル「HOTEL GROOVE SHINJUKU, A PARKROYAL Hotel」。二つ目が、ラグジュアリーホテル「BELLUSTAR TOKYO, A Pan Pacific Hotel」だ。

東急歌舞伎町タワー
（©TOKYU KABUKICHO TOWER）

　〝好きを極める〟というコンセプトのもと、開業第一弾は、『エヴァンゲリオン』と、ライブホール、劇場、映画館、ライフスタイルホテルなど全館でのコラボレーションを予定しているとか。それというのも、平成七（一九九五）年にテレビシリーズが放映された『新世紀エヴァンゲリオン』の劇場版メイン上映館が、かつての新宿ミラノ座であり、その営業が終了するまで全作品を上映したという歴史を持つからということだ。

■まちに広がるエンターテインメント

この施設、一貫して、歌舞伎町、ひいては東京、日本、海外など、「まちと繋《つな》がる」ことをうたっている。

その装置として、シネシティ広場側に、屋外ビジョンと、屋外ステージが設けられる。映画封切り時のレッドカーペットの開催など、さまざまなイベントが想定されているようだ。事業主体の東急、東急レクリエーションが、「歌舞伎町タウン・マネージメント」や、新宿区、地元商店街、周辺企業とも密に連携を図っている。やがては「トー横」に正面から向き合う形で、文化的な活用を期待したい。

また、今まで結びつきが弱かった西武新宿駅側についても、西武新宿駅前通りを再整備することで、西武新宿駅側からのアクセスを良くして歌舞伎町に新たな人の動線を作

令和４年にシネシティ広場で開催されたイベント「歌舞伎超祭」。歌舞伎町商店街振興組合をはじめ、行政や企業が連携して広場の活用を図っている（提供・歌舞伎町商店街振興組合）

り出すという。空港連絡バスの乗降場も整備されるので、インバウンドのアクセスも格段に良くなる。

外装デザインは令和二（二〇二〇）年に開催されたドバイ国際博覧会日本館を設計した、建築家の永山祐子が担う。歌舞伎町にかつて流れていた蟹川、歌舞伎町弁財天などの記憶から、外観モチーフに水――すなわち「噴水」のイメージを取り入れたという。華やかで、少しキッチュな外観となっていて、二十四時間都市・歌舞伎町に相応しいランドマークになることは間違いない。

■新宿グランドターミナルとの連携

新宿駅周辺も再開発により大きく変わろうとしている。現在、小田急デパートビルが取り壊されて、高さ二六〇mの新しい高層ビルに建て替わろうとしている。駅自体も長らく工事中である。東西をつなぐデッキなど、グランドターミナルとしてこの先二十年以上はかかる整備計画が決定している。バルセロナのサグラダファミリアは近い将来に完成するともいわれているが、新宿駅は一体いつ完成するのか、本当のところは誰にもわからない。

とはいえ、歌舞伎町も新宿に欠くことのできない一部として新宿駅と繋がることが必然であり、一層の連携を図るための地下ネットワークやデッキの整備が必要とされている。

■復活する摩天楼構想

すでに休刊している雑誌「ヨミウリ ウィークリー」の平成十六（二〇〇四）年十一月七日号に「歌舞伎町で進む『摩天楼構想』」という記事が掲載されている。新宿区などを中心に、歌舞伎町をニューヨークのマンハッタンのようなエンターテインメントのまちとして再開発していくという構想が動き始めているという記事である。「二十四時間稼働の商業、娯楽、文化交流の高層複合施設を配置した『劇場都市』に変貌させる」として、「早ければ十年後にも、歌舞伎町は見たこともない街に生まれ変わるのである」と結ばれている。二十年近く経過してしまったが、曲折した道をたどりながらもまちづくりの成果は少し見えてきているのかもしれない。

ゴールデン街の昭和のまち、T字路で結ばれた迷宮のまち、高層ビルの興行街、ここでしかできない体験が二十四時間可能な歌舞伎町は、世界的な繁華街として海外からの観光客も多く訪れるまちになっている。誰もが歌舞伎町のイリュージョンを楽しめる、鈴木喜兵衛の夢見た観光立国、道義的繁華街は、近い将来に実現していきそうである。

＊高さ二〇〇m以上で、ホテルとエンタメ施設（映画館、劇場、ライブホールなど）を含む複合施設における日本国内主要観光都市調査。調査期間：二〇二二年三月（株）ESP総研調べ）

おわりに

わたしの学生時代、新宿にはよく遊びに行っていたが、歌舞伎町は「怖いまち」というイメージがあり、あまり訪れていない。せいぜい歌舞伎町の入り口、靖国通り沿いの店を訪れるのがやっとのことだった。それが縁あって歌舞伎町を職場とすることになり、四十年以上、このまちに関わってきた。

歌舞伎町のまちづくりの仕事では、いたるところに貼られていたビラを、雑巾とバケツを手に剝がしてまわった。また、歌舞伎町でイベントを実施するのに、暴力団関係者が違法駐車を続けていて、新宿警察署の暴力団対策部署の協力で、どうにか車をどけてもらったこともある。

そういう仕事の中で、歌舞伎町の生い立ちに興味がわき、先人たちの思いをだんだんと知ることができてきた。歌舞伎町に大きな池があったり、総理大臣が何人も住んでいたりなど、まったく知らなかった。そして何より、今の歌舞伎町は決して怖いまちではない。「楽しいまちです」――そんな驚きを読者にも共有してもらいたい。

本書は、担当編集者である日岡和美氏の的確な助言と協力により出版することができた。ここに深く感謝の念を述べる。

橋口敏男

【参考文献】

●書籍

『新宿区史』（新宿区役所／一九五五年）
『地図で見る新宿区の移り変わり――淀橋・大久保編――』（新宿区教育委員会／一九八四年）
『地図で見る新宿区の移り変わり――四谷編――』（新宿区教育委員会／一九八三年）
『内藤新宿の町並とその歴史』新宿歴史博物館（新宿区教育委員会／一九九一年）
『夢酔独言』勝小吉（講談社／二〇一五年）
『函館市史　デジタル版』通説編第一巻　第三編　古代・中世・近世
『嘉永雑記』藤川整斎（太政官正院歴史課・修史局・修史館・内閣臨時修史局／一八五四年）
『新宿区教育百年史』（新宿区教育委員会／一九七六年）
『新修　新宿区町名誌』（新宿歴史博物館／二〇一〇年）
『新宿の文化財　新宿文化財ガイド二〇一三』（新宿歴史博物館／二〇一三年）
『東京年中行事』若月紫蘭（春陽堂／一九一一年）
『新宿御苑　皇室庭園の時代』新宿歴史博物館、宮内庁宮内公文書館（新宿歴史博物館／二〇一八年）
『新宿ゆかりの明治の文豪三人展 漱石・八雲・逍遥』新宿歴史博物館（新宿区教育委員会／一九八九年）
『思い出づるまま』三宅克己（三宅書房／一九三六年）
『一商人として』相馬愛蔵（岩波書店／一九八七年）
『ステイション新宿』新宿歴史博物館（新宿区教育委員会／一九九三年）
『革命をプロデュースした日本人』小坂文乃（講談社／二〇〇九年）
『キネマの楽しみ～新宿武蔵野館の黄金時代～』新宿歴史博物館（新宿区教育委員会／一九九二年）

『わが町　新宿』田辺茂一（紀伊國屋書店／二〇一四年）
『伊勢丹百年史』（伊勢丹／一九九〇年）
『永遠の都』加賀乙彦（新潮社／一九九七年）
『歌舞伎町　新宿第一復興土地区画整理組合』鈴木喜兵衛（大我堂／一九五五年）
『歌舞伎町の六〇年　歌舞伎町商店街振興組合の歩み』（歌舞伎町商店街振興組合／二〇〇九年）
『新宿歌舞伎町物語』木村勝美（潮出版社／一九八六年）
『台湾人の歌舞伎町—新宿、もうひとつの戦後史』稲葉佳子、青池憲司（紀伊國屋書店／二〇一七年）
『光は新宿より』尾津豊子（K&Kプレス／一九九八年）
『漱石と鈴木三重吉　広島の加計正文との交流を軸に』（新宿区立漱石山房記念館／二〇一九年）
『夢幻の街』石井光太（KADOKAWA／二〇二〇年）
『東京都区分地図　四　新宿区』（昭文社）

●新聞、雑誌、論文記事など

「四谷第五小の一二〇年」野村敏雄（都市出版／「東京人」一九九五年六月号）
「永遠の都、東京」加賀乙彦×川本三郎（都市出版／「東京人」一九九八年二月号）
「『国際学友会』東南アジア関係文書について」阿部洋（『アジア教育』第十三巻／二〇一九年）
「歌舞伎町で進む『摩天楼構想』」（読売新聞／「ヨミウリ　ウイークリー」二〇〇四年十一月七日号）
「朝日新聞」一九四五年十月二十七日
「日本経済新聞」二〇二一年九月二～四日
「新宿新報」（新宿区役所／一九四九年九月十七日号、十一月二十六日号）
「歌舞伎町一丁目地区開発計画 FACT BOOK」（東急㈱／㈱東急レクリエーション）

〈著者略歴〉
橋口敏男（はしぐち・としお）
元新宿歴史博物館館長。
1955年長崎県生まれ。77年法政大学卒業後、新宿区役所に入所。まちづくり計画担当副参事、区政情報課長、区長室長など歴任。2016年歌舞伎町タウン・マネージメント事務局長、17〜20年公益財団法人新宿未来創造財団に在籍し、新宿歴史博物館館長を務めた。著書に『新宿の迷宮を歩く 300年の歴史探検』（平凡社新書）がある。

すごい！ 新宿・歌舞伎町の歴史
進化し続けるカルチャータウン

2023年4月3日　第1版第1刷発行

著　者　橋口敏男
発行者　岡　修平
発行所　株式会社PHPエディターズ・グループ
〒135-0061　江東区豊洲5-6-52
☎03-6204-2931
http://www.peg.co.jp/
発売元　株式会社PHP研究所
東京本部　〒135-8137 江東区豊洲5-6-52
普及部　☎03-3520-9630
京都本部　〒601-8411　京都市南区西九条北ノ内町11
PHP INTERFACE　https://www.php.co.jp/
印刷所
製本所　図書印刷株式会社

　ISBN978-4-569-85430-4